Principios básicos

Cocina
vegetariana

Para disfrutar de la cocina... sin carne ni pescado

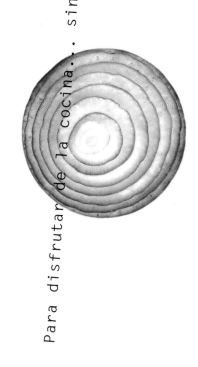

Cornelia Schinharl   Sebastian Dickhaut

Cocina vegetariana
Índice

Contraportada delantera: Instrucciones de preparación para las legumbres y los cereales más importantes. Para no tener que depender de las instrucciones del envase.

Contraportada trasera: ¿Qué tipo de vegetariano soy? Un test para descubrir nuestro corazoncito verde.

¿Soy buen vegetariano?

Sara cocina de maravilla. Su *risotto* con lima está de muerte. Los clásicos no se le dan peor y además, siempre les añade algún detalle: por ejemplo, a la pasta casera, *mozzarella*. De ahí que cuando nos invita a comer —al menos una vez por mes, sin falta—, todos aceptamos la invitación con mucho gusto. Ahora la hemos invitado nosotros y es ella quien se alegra:
—¿Sabes? Muchos piensan que soy demasiado crítica. Pero cuando alguien cocina para mí, casi siempre lo disfruto. Pero tened en cuenta una cosa, por favor: ni carne, ni pescado.
—Ni carne ni pescado, ¿como los vegetarianos?
—Exacto.
—Pero ¿tú eres vegetariana? Ni siquiera nos habíamos dado cuenta...
—Lo importante es que os gustara.
—Claro, claro. Pero ¿y en el restaurante, cómo te las arreglas?
—En la cocina italiana y en la asiática hay muchos platos vegetarianos, y en los demás restaurantes me pido algo de pasta. Quizá no lo parece, pero hay muchas recetas básicas que son vegetarianas.

¡Así es! En la más sencilla de las cocinas, la mitad de los platos serían vegetarianos. Y aun así nos ha llegado muchas peticiones solicitando un libro de cocina de diario para esa gente a quien le gusta la buena cocina... pero sin carne ni pescado. No un manual sobre la preparación de las verduras; tampoco una biblia contra la carne. Cocina vegetariana básica, simplemente. Un libro para ser *vegeta* en la medida que a cada uno le apetezca.
Y eso es lo que les ofrecemos: muchos consejos útiles sobre la cocina, la comida y la vida sin carnes ni pescados; de la *a* de *aguacate* a la *z* de *zanahoria*. Y con más de 120 recetas del gran mundo del vegetarianismo, para curiosos, para noveles y para expertos. Y para todos aquellos que quieran acertar con sus amigos vegetarianos y —¿por qué no?— también consigo mismos.

Conceptos básicos

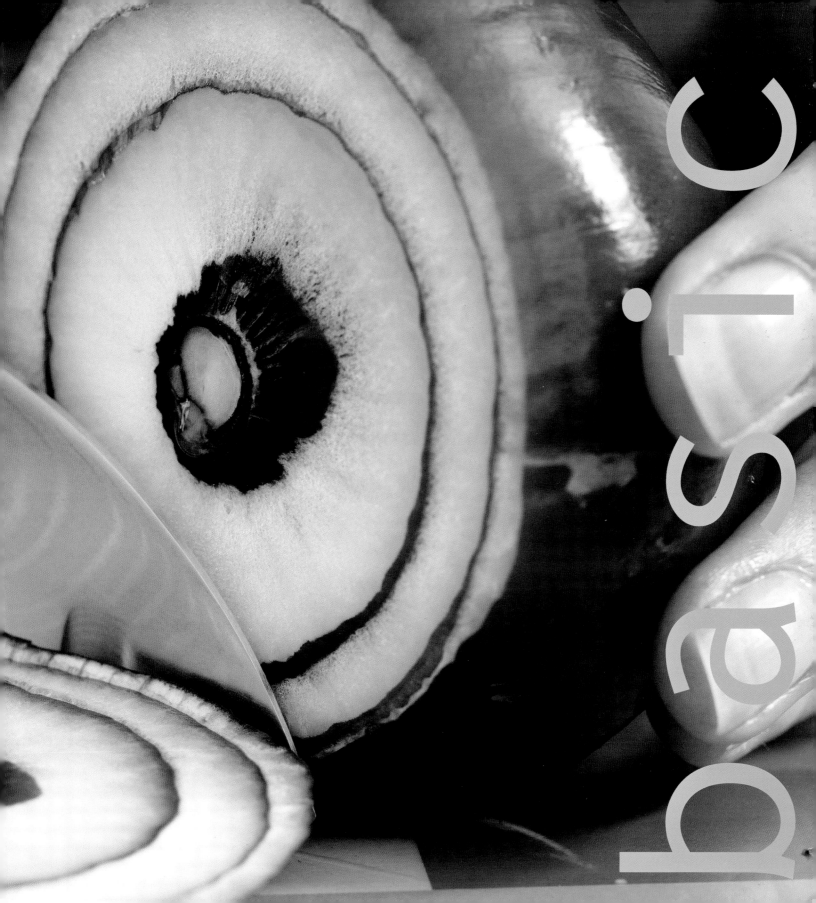

basic

¿Cómo quiere la verdura?
¿Hecha, al punto o más bien cruda?

—¿Qué es eso de que no quieres carne? ¿Qué te pasa?

—Nada... Es cuestión de gustos. Hoy he desayunado cereales con papaya, muy sabrosos. Y esa *quiche* de espinacas no tiene mal aspecto, ¿no crees?

—Pero ¿qué pasa con las proteínas, el hierro y todo eso que te da la carne?

—Hay cantidad suficiente en los cereales, la leche y los huevos.

—Bueno, pero es que un buen bistec, con su doradito final...

—Prueba la col frita con mantequilla.

O con aceite de oliva y un punto de ajo.

O la lombarda, que resulta igual de bien.

O como ensalada, o rellena, o en *quiche*...

—¡Me estás abriendo el apetito!

Quien cocina sin carnes ni pescados descubre de nuevo la comida. Los acompañamientos, las olvidadas guarniciones, recobran el protagonismo del plato. Como por ensalmo reviven en nuestra lengua las 4 estaciones y podemos darnos cuenta de qué sabores nos gustan más. Esa es la recompensa de prescindir del pescado y la carne; con la condición, claro, de que este tipo de cocina realmente nos atraiga. Más detalles en las próximas páginas.

17

auxiliares
esenciales
para
la cocina y la vida
vegetarianas

Verduras

Quien prescinde de la carne deja sitio para las verduras, y el plato gana color: rojo tomate, amarillo limón, verde pepino, color berenjena... Y el sabor es más fresco y más variado. Si además se combina con acierto, ganaremos en salud con ese arco iris. Los entendidos apuestan por fórmulas como «uno subterráneo más uno de superficie» o «verdura más vitamina C» para aprovechar mejor el hierro vegetal (básico, cuando se omite la carne).

Ideas: ragú de zanahorias con tomates (tierra y superficie) o ensalada de espinacas con limón y pimientos (hierro más vitamina C).

Algas

Las hojas de nori junto al sushi de pepinos o el wakame en la sopa miso no son un capricho japonés, sino un buen suplemento para los vegetarianos. Nos aporta (con aroma marino) el yodo del pescado. Las algas no deben ingerirse en exceso (por la tiroides), pero hacen falta ollas enteras de sushi y de sopa para alcanzar ese máximo. Otro buen suplemento es el agar-agar, una gelatina que no deriva de los huesos sino de las algas.

Ideas: copos de nori sobre la ensalada, el arroz o los fideos; wakame bajo el ragú de verduras; añadir hijiki en el wok.

Hongos y setas

Níscalos o champiñones, hongos silvestres y setas cultivadas aportan al plato mucha sustancia y aroma. Además, los más sabrosos, como el *boletus* comestible o el shitake, poseen proteínas, como la carne. Si se los combina con cereales (en un arroz, por ejemplo) o soja (en tofu) tendremos un excelente sustituto de las proteínas de un bistec. Tampoco les falta el hierro, sobre todo al rebozuelo, que combina de maravilla con el limón.

Ideas: caldo de verduras con shitake; boloñesa de boletos; ragú de gírgolas con tofu; huevos revueltos con rebozuelos.

Frutos secos

Los frutos secos son un ingrediente estupendo: existen en tal variedad, que siempre hay uno que encaja con nuestros deseos. Y además, son ideales para los vegetarianos. En las semillas de sésamo, por ejemplo, hay mucho de lo que encontramos en la carne o el pescado: proteínas, calcio, hierro... y grasas. Grasas útiles, como las de la nuez con sus ácidos grasos omega, que no se encuentran más que aquí o en el pescado.

Ideas: filete de verduras con pasta de avellanas; gratinados con corteza de nueces; *risotto* de calabaza con pepitas; arroz con almendras; pasta con pistachos.

Aceites

Las grasas son transmisoras del sabor. La carne abunda en grasa, por eso tiene tantos adeptos. Pero la grasa vegetal no es menos sabrosa cuando se transforma en aceites sin intervención del calor. Los aceites prensados en frío son buenos para el cuerpo: poseen ácidos grasos importantes que no hay en otras fuentes. El aceite de oliva es el único que permanece estable durante la fritura. El aceite refinado (prensado en caliente y tratado), por el contrario, casi contiene más que grasas.

Ideas: zumo de zanahorias con un chorrito de aceite de linaza; ensalada de diente de león con naranja y aceite de semillas; sopa de patata con unas gotas de aceite de nueces.

Leche

Difícil y fácil al mismo tiempo. El que no toma carne pero bebe leche de vaca no es, para algunos, un auténtico vegetariano. Es un tema difícil, sobre todo, porque los derivados lácteos facilitan mucho la vida sin carnes. Nos aseguran la ingestión de proteínas (necesarias para la estructura de las células), calcio (para los dientes y los huesos) y vitamina B_{12} (para la producción de sangre y las células). ¿Qué podemos hacer? Depende del punto de vista de cada uno (más información en páginas 63 y 113).

Ideas: una cucharadita de kéfir o yogur en la sopa o el curry de verduras; patatas con salsa de leche; ensalada de lentejas con nata agria.

Queso

Cuando a la leche le añadimos ácidos y sal, obtenemos tanto queso como requesón. Es ideal para los enemigos del embutido, como fuente de proteína, calcio y vitamina B_{12}. El porqué lo hemos explicado ya en el apartado de la leche. Y ahí figuran igualmente las razones de la reticencia de algunos vegetarianos. Ahora bien, la cocina con queso resulta particularmente sabrosa.

Ideas: patatas asadas con *ricotta*; gouda rallado sobre las patatas hervidas; espinacas con parmesano; tostadas de camembert; *fondue* de queso.

Huevos

Ni la carne ni el pescado contienen más proteínas esenciales que los huevos. Y además tienen calcio, vitamina B_{12} e incluso hierro. Por descontado, el huevo, la clara y la yema son parte de incontables técnicas de cocina, para ligar o desligar. ¿Inconveniente? Uno principal: que provienen de los animales y contienen vida animal, algo que es tabú para los veganos o vegetarianos estrictos.

Ideas: huevos al plato con parmesano; ensalada de huevos con rúcula u oruga; sopa miso con huevos pochados; huevos revueltos con nori.

Fruta

Como las verduras, aportan color sin necesidad de carnes ni pescados; pero no debemos limitarlas a los postres o las meriendas. Cuanta más tomemos, más protegidos estaremos contra los pequeños resfriados. La fruta contiene mucha vitamina C (por ejemplo en las bayas, las frutas exóticas y los cítricos), que además facilita la absorción del hierro, algo que los vegetarianos pueden encontrar en los frutos secos.

Ideas: muesli con papaya; ensalada de tomate con kiwi; hongos con grosellas; sopa de lentejas con naranja y frutos secos.

Legumbres

Lentejas, judías, guisantes... lo que antaño era para los pobres, enriquece hoy la nueva cocina del Mediterráneo y el Oriente. El fruto y la semilla seca se llenan de aroma durante la preparación y aumentan el sabor y la vitalidad de los platos, sin necesidad de pescados ni carnes. Las legumbres son ricas en buenas proteínas (mejor aún en combinación con los cereales), en hierro y en fibra. Más información en las páginas 20 y 21.
Ideas: ensalada de lentejas con picatostes; curry de garbanzos con arroz de coco; pasta integral con alubias rojas; tostadas con crema de judías.

Tofu

Fácil. Difícil. Como la leche y los huevos, pero al revés. Porque por un lado este popular derivado de la soja (junto con la leche y el yogur de soja) es una ayuda excelente para procurarse, sin carnes ni pescados, proteínas de calidad, calcio, vitamina B_{12} y hierro. Y por otro lado, el tofu suele figurar entre las preferencias de quienes se inician en la cocina vegetariana. ¿Qué se puede hacer? Comprar tofu bueno y fresco, leer la página 21 y poner a prueba nuestras ideas.
Ideas: tofu de soja con cebollas asadas; tofu en caldo con setas y cebollinos; tofu asado con cobertura de miso.

Cereales

¿Qué se comía cuando la carne era un lujo? Pues lo que había: cereales sencillos como la espelta, el centeno o la cebada. Y no era mala idea, puesto que los cereales son ricos en proteínas, hierro, calcio y otros elementos. Si encima son cultivos integrales o bio y añadimos productos lácteos y legumbres, ¡perfecto! (Más detalles en páginas 22 y 23). ¿Por qué no jugar con cereales exóticos, como el amaranto, el cuscús o la polenta? ¿Con mueslis, con tostadas de centeno...?
Ideas: ragú de pimiento con copos de avena; gratinado de quinua y calabaza; batido de fresas con germen de trigo.

Cebollas y liliáceas

Las hay en cada rincón de nuestro planeta, de todas clases y todos los colores: blancas, rojas, marrones, verdes, lilas... Las hay redondas (cebolletas, cebollas tiernas), con forma de diente (ajo, escalota) o alargadas (cebollinos, puerros). Podemos dorarla en la sartén, freírla crujiente, pocharla en mantequilla, añadirla como especia, disfrutarla al natural... Unas pican, otras nos hacen llorar, nos colman la boca de dulzura. Y aportan aroma, chispa y base. ¿Alguien da más?
Ideas: ensalada de naranja y cebolla tierna; tofu con cebolla asada; pasta con ajo; tortilla con cebolla de Figueras.

17
auxiliares
esenciales
para
la cocina y la vida
vegetarianas

Jengibre

Le da su *qué* particular a un ragú de verduras que resultaba anodino; es imprescindible en el wok y extiende su aroma en los hervidos sin resultar cargante. Todo esto ya bastaría para incorporarlo en un lugar destacado de la cocina vegetariana. Además, ofrece mucha fuerza para nuestro interior y refuerza nuestras defensas exteriores. ¿A quién no le apetece? Quizá es un sabor al que cuesta acostumbrarse, pero merece la pena insistir.
Ideas: añadir jengibre a la ensalada de pepino o al agua de hervir espárragos; en una salsa espesa de soja y rábanos; o un batido con jengibre.

Guindilla

Un punto de picante no se combina mal con los platos de verduras; sobre todo, si es cayena recién molida. Pero también valen los rábanos picantes, el *wasabi*, el curry en polvo o pasta y todas las clases de pimentón; lo que no le sienta bien a la carne le cae muy bien a la verdura. Cuidado con las cantidades: una vez añadido, el picante no se puede eliminar. La única salvedad son las guindillas enteras, que dan el sabor poco a poco (y son menos fuertes sin pepitas).
Ideas: ensalada de col con guindilla; patatas asadas con cayena; potaje de alubias con ají; cacao caliente con guindilla.

Hierbas aromáticas

El que deja de fumar de hoy para mañana suele caer en otros vicios, como los dulces o el buen vino. A menudo el vegetariano «converso» descubra una debilidad en las hierbas aromáticas: el perejil, tomillo o la menta le dan a muchos platos vegetarianos el último toque de frescura y riqueza. Es una diversidad en la que podemos perdernos sin que nos pese. Así que ¡manos al especiero!
Ideas: ensalada de hierbas aromáticas; grasa o aceites con hierbas; huevos revueltos con aromáticas; descubrir la borraja o el estragón.

Salsa de soja

Para aprovechar todas las propiedades beneficiosas de las semillas de soja habría que tomarse un buen barril de salsa... y también de sal, ingrediente básico de la salsa. Por tanto, convendría hacer como los asiáticos: usarla en lugar de la sal. Así descubrimos la auténtica ventaja de la salsa de soja: su sabor fuerte y especiado, que da a los caldos una textura consistente, cercana a la de los guisos, y a las ensaladas un sabor muy puro.
Ideas: tofu marinado con salsa de soja; pinceladas de salsa de soja y miel antes de gratinar; patatas asadas con soja; caldo de verduras con salsa de soja.

Verduras de primavera

Cuando la tierra se sacude los rigores del invierno, se reanuda el crecimiento. Con el abrazo más intenso del sol se despierta el hambre y se renuevan los brotes... ¡perfecto!

El invierno se va, llega el calor, podemos disfrutar por fin de un día entero sin abrigos, respiramos hondo y aparcamos los guisos y potajes por las ensaladas de temporada, de hierbas, de lentejas, los suflés de pasta, lo fresco, lo tibio, lo ligero. Justo eso es lo que nos ofrece el campo: raíces tiernas, hojas de aroma suave y textura delicada. Con la llegada de la primavera apetecen los rabanillos, las espinacas o las lechugas... siempre que vengan del sembrado y no de las cámaras o los envasados industriales. Un buen tendero sabe distinguirlas bien. Un detalle: muchas verduras de primavera han absorbido tanta agua tras el paréntesis invernal, que se estropean con particular rapidez. Por eso no hay que demorarse en llevarlas al plato, o corremos el riesgo de que pierdan propiedades. Si no, en su cajón del frigorífico, bien protegidas de la sequedad ambiental. La mayoría de verduras del tiempo están muy sabrosas crudas, ligeramente rehogadas, cocidas al vapor o hervidas.

De la tierra misma

Sin **espárragos** no hay primavera. Para más de uno, el auténtico final del invierno lo marca la llegada de los primeros brotes blancos. En Europa central hay que esperar hasta abril; los que tienen la fortuna de vivir en un clima más cálido los pueden dis-frutar antes y sin pérdida. Conviene evitar, cuando sea posible, los cultivos forzados, en los que el calor artificial produce más y más deprisa, pero a costa del sabor. Lo ideal es identificar zonas de cultivo cercanas o proveedores de confianza, comprar para el día y cocinar sin tardanza (o también conservar en la nevera, durante un máximo de dos días y envueltos en un paño húmedo). Hervidos, rehogados (más sabrosos) o a la parrilla (más aromáticos). La parrilla es perfecta para los trigueros, que crecen en la superficie, a diferencia de los blancos. Todas las variedades son muy sabrosas bien limpias y crudas. Y todas contribuyen a nuestra salud porque eliminan toxinas y favorecen la digestión. Hasta el fin de la temporada.

El **colinabo,** o nabicol, es una variedad poco frecuente o poco apreciada en algunos países, pero los tubérculos tiernos (blancos, y más adelante con un pellejo violáceo) se pueden comer (una vez pelados) casi como una manzana; salvo que la sequedad los haya hecho leñosos. En este caso los cortamos y humidificamos con agua mineral, caldo de verduras o incluso crema de leche, o los horneamos rellenos. Y que nadie se olvide de sus hojitas, que se pueden emplear igual y son fuente, por ejemplo, de calcio.

Lo mismo cabe decir de las **remolachas tempranas,** con sus grandes hojas y los pequeños tubérculos rojizos de sabor delicado. Junto con las variedades de otoño (véase la página 17), eran uno de los funda-

Rehogar

A casi todas las verduras, pero más aún a las de primavera, les sienta bien el rehogado. Deben cocerse siempre con muy poca grasa —aceite de oliva, para los buenos vegetarianos; mantequilla, para los más golosos— o en su propio jugo. Algunas se toman enteras (espinacas) o con su piel (zanahoria tierna). En los demás casos, se corta en láminas, rodajas o dados del mismo tamaño, para que la cocción sea regular. Primero calentamos el aceite y después doramos ligeramente, con cuidado. Luego suele bastar con una pizca de sal y, en ocasiones, de azúcar, para potenciar el sabor y el brillo. Cuando el proceso es rápido, como en las espinacas, no hacen falta líquidos. Cuando requiere algo más de tiempo, como en el calabacín, basta con tapar el recipiente para que la verdura se haga en su propio jugo. Con las más duras, como la zanahoria, añadimos un poco de agua, caldo o crema de leche. Si el líquido se ha reducido cuando la verdura aún conserva una textura crujiente, perfecto: eso intensifica el aroma y salva la mayor parte de los nutrientes.

Al vapor

Las verduras tiernas y más ricas en agua (como los espárragos, el colinabo o las cebollas) son perfectas para prepararlas al vapor. Se tarda algo más, pero a cambio el sabor y los nutrientes se conservan mejor que en un hervido. Lo clásico es emplear una vaporera: una rejilla (metálica en Occidente, de bambú en Oriente) colocada encima de algún líquido en ebullición y cubierta con su tapa correspondiente. Ese líquido se puede llevar a la mesa, para aprovechar aún más los beneficios de la verdura. El «rehogado al vapor» es muy similar: colocamos las piezas de verdura sobre un plato hondo con el que tapamos una olla de agua hirviendo. Tapamos el conjunto y el vapor cocerá los alimentos, además de producir un sabroso jugo. Aún se conservan mejor las propiedades de las verduras si las preparamos al vapor, pero «envueltas»: sazonamos con hierbas y especias, untamos con un poco de aceite y envolvemos la verdura en film transparente (o papel de aluminio, bien cerrado); luego la horneamos sin prisa, con el horno a 150 grados.

---

mentos de la cocina popular, antes de la llegada de las patatas. Han caído en el olvido, pero en los mercados es fácil encontrar remolachas sabrosas. Podemos prepararlas como el colinabo.

Tampoco es extraño poder disfrutar en primavera de los **rábanos** y **rabanillos**. Como siempre, debemos buscar los frescos, no los de cámara. El aroma y el gusto inconfundible del rábano proviene de la esencia de mostaza, que junto con el potasio y las vitaminas genera efectos beneficiosos en nuestro organismo. Por ejemplo, estimula la digestión y ayuda a combatir las infecciones. Un abono excesivo puede inducir un exceso de nitratos, por lo que es preferible el cultivo ecológico. Como mejor sientan los rábanos son raspados y con una pizca de sal. Lo mismo ocurre con los rabanillos, de los que además podemos aprovechar las hojas en una ensalada.

En el apartado de las cebollas contamos con el puerro y el cebollino, ideales para añadir a un rehogado rápido o una ensalada tierna. Pero también podemos prepararlos solos, ya sea asados, rehogados, a la parrilla o fritos.

Recién cosechadas

Las **espinacas** son tan tiernas en primavera, que se recogen a mano con su tallo y se pueden disfrutar sin desperdiciar nada: crudas, como ensalada fina, o ligerísimamente rehogadas en aceite de oliva (o mantequilla). En esta fase aún no han acumulado todo el hierro (bueno para la sangre) ni el potasio (para eliminar toxinas), pero tampoco poseen tantos ácidos oxálicos, que frenan la absorción del hierro y el calcio. Por esta razón, es preferible servir las espinacas más tardías preparadas de otras formas: escaldadas brevemente o combinadas con derivados de la leche o la soja (más ricos en calcio).

La **lechuga** también es un auténtico placer primaveral, cuando no procede de cámaras (igual que las espinacas). Ni siquiera en invernaderos adquiere su auténtico gusto: un matiz de mantequilla y de vinagre junto con una textura jugosa y crujiente. Recién traída del campo debemos lavarla lo justo (siempre la hoja entera), cortarla con su troncho, seleccionando sobre todo las hojas exteriores (las más ricas en nutrientes) y servirla con un ligero aderezo de especias. ¡Una exquisitez! Cuidado con las variedades más esponjosas, que o proceden de los invernaderos (donde por falta de luz transforman los nitratos en nitritos) o han madurado de más. Y si faltan las hojas exteriores, no es un favor, sino una trampa: son las que antes se estropean...

Del propio jardín

Las hierbas aromáticas también son más tiernas en primavera. Esa es justo la mejor época para las plantas que mejor se avienen con las ensaladas o dan un toque especial de última hora a los platos más ligeros. **Eneldo, berros, perejil** y **cebollino** forman parte de los clásicos; pero no enriquecen menos nuestra cocina el **ajo tierno,** la **borraja,** el **estragón,** el **perifollo,** el **cilantro,** la **menta,** la **acedera** o la **melisa.** La variedad no es mayor que sus efectos beneficiosos, siempre que hayan crecido al aire, en el propio jardín, en la maceta o en cultivos ecológicos. Deben lavarse enteras (cuando sea preciso lavarlas), secarlas escurriéndolas o con un paño, picarse gruesas (si es el caso) y consumirse de inmediato. Si reposan un poco en el aliño de las ensaladas se multiplicará el aroma, pero la cocción es la muerte de estas plantas. La clave: espolvorear y, si se quiere, remover.

Verduras de verano

En verano los frutos, las flores y las semillas han acumulado más aroma con el calor del sol y el contacto del aire. Serán verduras perfectas para el horno, la fritura o la parrilla.

Lo que en primavera eran raíces tiernas y hojas vacilantes ha dado el gran salto: el tomate ha liberado sus frutos al sol y nos devuelve sus rayos grabados en el rojo intenso; los guisantes maduran al aire con una dulzura irresistible; varias setas se esconden del sol demasiado fuerte, pero aprovechan el calor para crecer con más impulso. Es el tiempo de unas verduras que llevan ya varios meses de vida y que son características de nuestros campos, bosques, huertos y jardines. Verduras que tienen un poco *más* de todo: más luz, más aire, más aroma, más frescura. ¡Buen fruto el de nuestra paciencia! La lenta espera nos compensa porque nos ha de regar la boca con más dulzura; vale la pena aguardar a esa madurez y comprar los productos a su hora y, a poder ser, directamente de su agricultor.

Al sol

El **tomate** es el mejor anuncio del verano: su color, su dulzura, su jugo... Es cierto que no sólo se cultivan ya las variedades «de siempre», sino otras más resistentes al paso de los días, al traslado o el almacenaje, a la exportación; y algunas de las más comerciales adolecen de falta de aroma o de escasez de valores nutritivos, o engañan con un buen aspecto que no se traduce en un sabor igual de intenso. Pero en esta época no pueden faltar los gazpachos, las ensaladas de tomate, las tostadas y el pan con tomate untado, el tomate a la parrilla o

al horno, el *sugo* a la italiana, los tomates rellenos, rehogados, guisados, confitados... Tomates, tomates, tomates: verano. Los de un rojo más vivo son los más ricos en vitaminas. Pero también hay que dejarse tentar por los diversos grados de dulzura y acidez. Igual de sanos son los **pimientos** —que proceden de América, como los tomates— y que requieren del sol tanto como del agua. En la canícula nos calman la sed con su espléndida madurez. Los rojos, amarillos y naranjas contienen muchas vitaminas (A y C) que nuestro cuerpo aprovecha a la perfección, a diferencia de lo que ocurre con los verdes. El pimiento es bueno para la sangre, para la digestión y contra la fiebre y los resfriados. Para asegurarse de que su pureza no llega estropeada por abonos o pesticidas excesivos, mejor los de cultivo ecológico.

El **calabacín** también es de origen americano. Su valor nutritivo no es extraordinario, pero nos permite entusiasmar a los invitados con platos *vegetas* muy sencillos y rápidos. Los podemos rallar, asar al horno o a la parrilla, rellenar, rehogar en su propio jugo y combinar con muchos otros de los dones del verano. Por ejemplo: con tomate, pimiento y **berenjena** en un pisto. Hay calabacines de orígenes muy diversos (desde España hasta el lejano Oriente) y de todos los colores y formas (oscuros, blancos, rosas, amarillos, redondos, alargados...). Esta clase de calabaza puede ser el centro del plato, porque si cruda es poco sabrosa, adquiere mucho gusto durante la cocción. Para tomarla sola lo mejor es asar los calabacines a la parrilla, freírlos u hornearlos envueltos.

Fritos

Muchas verduras se pueden freír con buenos resultados: sin líquido, con un poco de aceite y hasta que estén doradas. No es el caso de las más acuosas (pepinos), informes (coliflor) o delicadas (espinacas). Las más tiernas, como los calabacines, se cortan más gruesas; las de raíz o tubérculo necesitan más tiempo y se cortan más finas. Freiremos con aceite de oliva prensado en frío, que es el único que resiste el calor. A fuego medio, verteremos la verdura cuando la sartén esté caliente (pero antes de que humee); no echaremos demasiada a la vez, porque si se enfría el conjunto, tendremos un rehogado, más que una fritura. Cuando estén doradas, sazonamos y giramos, para que la cocción sea regular.

Parrilladas

El calor de la parrilla sólo conviene a las verduras y hortalizas que se cuecen rápido, como las rodajas de berenjena o calabacín, o que ya están precocidas, como las mazorcas. Damos una pincelada de aceite o colocamos sobre una fuente de aluminio, y luego sobre una parrilla no demasiado caliente, sobre las brasas. Damos la vuelta con frecuencia y sazonamos al final. Las hortalizas delicadas, como el tomate, se asan envueltas.

Hay un cuarto hijo del Sol que nos viene de América. No es la berenjena, que proviene de la India, sino el **maíz.** Las mazorcas nos llegan casi en el punto de madurez hacia el final del verano. Hay pocas verduras que contengan la misma cantidad de proteínas e hidratos de carbono. Son ideales para cocer, rehogar y asar al horno o a la parrilla.

De nuestro jardín

Además de los tomates, quizá incluso antes, los **guisantes** ya nos anuncian el verano. No pasan mucho tiempo en los mercados, sin embargo, por su delicadeza. Podemos cultivarlos en nuestro propio huerto o jardín, si tenemos esa suerte. Las variantes más dulces destacan rehogadas o preparadas al vapor; las otras se aprovechan en sopas o purés. Las vainas dulces se comen enteras. Los guisantes son una fuente rica en proteínas, en calcio y vitamina B (más detalles en la página 21). Lo mismo cabe decir de las diversas clases de **habas,** de las más gruesas a las más tiernas y finas. Al igual que los guisantes, no aguantarán más de uno o dos días en el cajón refrigerado. Las **judías** más anchas —como las «judías verdes» por antonomasia, llamadas bajocas en muchas zonas de España—, se cortan en tiritas junto con la vaina, que no es aquí menos importante que el fruto. Las variedades de menor calidad son filosas o hebrosas y es preferible deshebrarlas; existen otras muy tiernas, que casi se deshacen en el paladar. No deben comerse crudas, ni unas ni otras, pues no suelen caer bien al estómago.

Hay **zanahorias** pequeñas, tiernas y puntiagudas desde la primavera, pero la zanahoria madura es propia del verano. En esa época, su aroma dulzón la lleva a ascender hasta el número uno de las hortalizas crudas, y es una exquisitez rehogada con aceite de oliva (o mantequilla, al gusto centroeuropeo). Pero no fallan tampoco asadas, guisadas o incluso fritas. Con el paso de los meses las encontraremos también más grandes y gruesas, ya sin resto de hojas, con un sabor menos delicado, aunque no necesariamente menos nutritivas. Lo mejor es su pigmento, que nuestro cuerpo transforma en vitamina A: el caroteno. Es beneficioso para el crecimiento, el metabolismo, la salud dérmica y la vista: sobre todo en las zanahorias cocidas con un poco de aceite.

Los **pepinos** contienen tal cantidad de agua que son útiles para desintoxicar el organismo o favorecer la digestión. Es un beneficio inmediato cuando lo tomamos crudo, ya sea solo (con una chispa de aceite) o como complemento de los gazpachos y las ensaladas. Las variedades que exigen menos sol se aprovechan mejor en los guisados o las conservas.

Desde verano podemos disfrutar también de las **coliflores.** Su extraño nombre compuesto obedece a que en realidad se trata de la inflorescencia de una variedad de col.

Es sana y digestiva, aunque no tan nutritiva como las hojas verdes. Por tanto, vale la pena emplear también esas hojas, aderezándolas con su propio jugo como salsa. La col o el repollo se cocinan mejor enteras; la coliflor propiamente dicha podemos rehogarla o rallarla para comerla cruda.

El **brécol,** o *broccoli*, es más sano, por el hierro, pero contiene menos nitratos. Lo encontraremos en verano y hasta octubre, y es excelente cuando se lo rehoga, cuece o guisa sin ablandarlo de más (siempre con las hojas y los tallos). Otra variedad de verano es la **col rizada,** que en esta época tiene un sabor más suave. Como mejor resulta es rehogada, guisada o al vapor. Como buen sustituto de las espinacas, en verano, podemos emplear las **acelgas:** sus valores nutritivos son semejantes, con más hierro y más ácidos oxálicos que en la primavera (página 13). Cuando las hojas son grandes podemos emplear por separado la penca (el nervio central grueso), por ejemplo cortada en trozos muy pequeños y rehogada, pero también rebozada, para quien no haya excluido el rebozado de su régimen de comidas.

No podemos olvidarnos de las lechugas. Crujientes, como la **iceberg,** más dulce, o ligeramente amargas, como la **romana.** Tampoco deben faltar en nuestras ensaladas la aromática **rúcula** o la sabrosa **verdolaga.**

Setas y hierbas

Desde el final del verano maduran muchas variedades de setas, que aportan sabor y proteínas a la comida vegetariana (página 10). Podemos recogerlas nosotros mismos —con la experiencia necesaria— o comprarlas en un puesto de confianza. **Boleto anillado, seta coliflor, boleto bayo, parasol, rebozuelo, boleto de abedul, seta de cardo, oronja...** Combinan con las hierbas y los arbustos de hojas más firmes y especiadas que las primaverales; por ejemplo, la **ajedrea,** el **laurel,** el **orégano,** el **romero,** la **salvia** o el **tomillo.** Aguantan mejor el calor, por lo que deben cocinarse juntas durante más tiempo. No descuidemos la albahaca o la mejorana. Podemos probar asimismo con una pizquita de lavanda, por ejemplo en las verduras a la parrilla y los platos más dulces.

Verduras de otoño

Es la época de las hortalizas de crecimiento moroso, la hora de muchas raíces y muchas clases de col y calabaza, que nos regalarán su fuerza acumulada antes de que la naturaleza caiga en el sueño invernal.

El otoño sigue siendo un tiempo de trabajo duro en el campo. Las raíces y los tubérculos han ido almacenando aromas y nutrientes, que nuestro cuerpo absorberá y conservará para afrontar mejor el invierno. Llegan auténticas perlas de los sembrados: coles contundentes, calabazas musculosas, lechugas enérgicas. En algún caso la acumulación resulta ya excesiva: verduras acuosas como el rábano contienen demasiados nitratos, y las espinacas, las acelgas o el ruibarbo, demasiado ácido oxálico. En otros casos, como ocurre con la zanahoria, hay una pérdida neta del buen sabor. Pero no hay razón para la tristeza: ¡la oferta es otra, pero no menos rica!

De la tierra

Hay quien considera que las **patatas** sirven para llenar el estómago y carecen de valor como hortaliza fresca, pero en realidad son muy valiosas. Tanto las «patatas nuevas» de la primavera, como las diversas variedades del verano, como las del otoño, particularmente ricas y fortalecedoras. Podemos prepararlas de una infinidad de maneras: cocidas con piel o sin, al vapor, rehogadas, asadas, estofadas, guisadas, fritas... Nos permiten ofrecer ensaladas, sopas, purés, albóndigas o ñoquis, gratinados, cremas de untar e incluso dulces. La serviremos más compacta en las ensaladas; más melosa, en las masas y purés, sobre todo las variedades otoñales. Todas esas recetas son beneficiosas: incluyen proteínas excelentes, que en combinación con la leche, el huevo o los derivados de la soja adquieren todavía más valor; además contienen potasio (desintoxicante) y mucha vitamina C (para las defensas). Es útil tener en cuenta que los nutrientes se conservan mejor cuando cocinamos las patatas con piel, o al vapor, y las ingerimos de inmediato. Para los más curiosos: busquen las variedades exóticas de batata dulce con carne roja y harinosa. Quien dice patatas, dice igualmente **cebollas** (y sus innumerables parientes). Se combinan a la perfección y aportan con sencillez mucho sabor y mucha salud a nuestros platos. Hay buenas cebollas de piel dorada desde finales del verano, pero su tiempo de esplendor llega cuando se recogen y se dejan secar algo más tarde. Las noches empiezan a ser frías, los días son irregulares y, así destemplados, ¿a quién no le apetece una sopa de cebolla? O un gratinado, o incluso una tarta de cebolla... Podemos seleccionar el color: las hay blancas (más suaves), rojas (más afrutadas), violeta claro (como la escalonia) o más oscuro (como la cebolla de Figueras). Destacan rehogadas, fritas, asadas, guisadas, horneadas enteras, envueltas o con sal, entre otras opciones. Y son extraordinariamente sanas. Sus aceites esenciales no sólo provocan las consabidas lágrimas y el mal aliento, sino que estimulan la digestión, nos protegen contra infecciones y favorecen una más fluida circulación sanguínea. Lo mismo cabe decir del hermano **ajo,** aunque se suele comer en menor cantidad que las cebollas. El **puerro** es la variante menos nutritiva de esta terna, pero a cambio se puede consumir más regularmente: rehogado, guisado, asado, frito, en sopa, en ensalada (ligeramente hecho) o

Estofados

Las verduras y hortalizas de otoño, ricas en nutrientes y sabor, son idóneas para los guisos y estofados, sobre todo, las de raíz. Para ello freímos las verduras en un poco de aceite, hasta que estén doradas, y cubrimos lo justo con algún caldo, salsa o jugo concentrado. Las cocemos, sin que pierdan la consistencia, hasta que el líquido se haya reducido mucho. También podemos añadir aromas como el del ajo o el jengibre y especias enteras, como semillas de comino, o hierbas aromáticas secas.

Frituras

Las patatas, los tubérculos, las raíces más firmes y las diversas calabazas se pueden freír sin más, igual que los aritos de cebolla. Cuando se trata de tallos de hinojo o de cogollitos de brécol es preferible cocerlas a medias y luego freírlas protegidas con alguna masa de rebozado. Atención: se requiere un buen aceite vegetal, que tolere temperaturas prolongadas de 175 o 180 grados, como un aceite de oliva estándar; pero no usaremos para estas frituras aceites prensados en frío. La temperatura es perfecta cuando al introducir una cuchara de madera emergen burbujas pequeñas. Las verduras deben quedar completamente cubiertas por el aceite; las sacamos cuando estén crujientes, las escurrimos y dejamos secar en un papel de cocina. Sazonamos ¡y a comer!

Hervidos

Son pocas las verduras u hortalizas que debemos hervir por entero antes de cocinarlos de otra forma. Solo las judías y las espinacas de otoño deben cocerse sin falta, para eliminar los nutrientes perjudiciales. El problema es que buena parte de las virtudes del producto pasarán al caldo; o lo aprovechamos, o las perdemos. Pero hervir tiene algunas ventajas: se cuece prontamente y sin grasa, y se conserva el sabor original (que se potencia si nos tomamos también el agua de la cocción). Para mantener la mayor parte de sus propiedades hay que lavar lo justo, pelar e introducir de inmediato en agua hirviendo. Vertemos la cantidad justa para que el hervor se retome sin apenas pausa, y retiramos antes de que se pase. Si entonces la sumergimos un momento en agua helada interrumpimos la cocción y conservamos el color, pero perdemos algo más de nutrientes. Una buena idea: el agua del hervido, si no la usamos ahora, la incorporamos a otro plato.

como guarnición. Los puerros de otoño son más ricos que las variedades de verano, más tiernas, pero también más pobres en nutrientes; y a diferencia de los puerros de invierno, están en su punto de intensidad. En otoño no hay que olvidarse de las **remolachas,** como en primavera, ni de otras muchas raíces suculentas. Han quedado relegadas a los mercados rurales,

o ni siquiera eso, pero están volviendo con fuerza en la nueva cocina. Así que no duden en probarla, si la encuentran, para rehogarla o cocerla. Incluso la más conocida, la **remolacha roja,** tiene un sabor distinto cuando viene del campo que cuando es del supermercado. Si la adquieren fresca lávenla sin cortarla; luego la cocemos, pelamos e incorporamos a las ensaladas, las sopas u otras verduras. Contienen muchos elementos beneficiosos para la sangre, la digestión y las defensas. Las variedades más viejas desarrollan también, sin embargo, un exceso de nitratos. Para probar: la **naba** o rapo, especialmente la de carne amarilla, excelente para los potajes, los purés y la verdura rehogada.

Recién cosechadas

Tubérculos, bulbos, nabos y remolachas... y coles: no hay otoño sin **col.** En esta época adquiere su mejor gusto, aunque se la pueda adquirir desde algo antes. Son muchos los platos en los que destaca, como ingrediente principal o como alegría de las sopas y los potajes, siempre que no se la rehogue o guise de más. Es generosa en fibra, lo que junto con su estructura celular gruesa contribuye a limpiar estómago e intestinos. Por su parte, el potasio nos ayuda a eliminar toxinas; la esencia de mostaza y la vitamina C refuerzan nuestras defensas. En la col fermentada —el chucrut, como se cocina en el centro de Europa—, la adición de sal provoca la for-

mación de ácidos lácticos que limpian nuestro estómago y aceleran la digestión. No hay que decir que siempre es preferible la receta casera a la de lata, aunque ésta nos pueda sacar de un apuro. La **morada lombarda** —de sabor más dulce y más intenso— resulta muy sabrosa marinada con especias y algún ácido, antes de rehogarla o servirla como ensalada. Es ideal asimismo para el wok.

Desde finales del verano disfrutamos también del **hinojo,** fácil de obtener en muchos de nuestros campos. Contiene muchas vitaminas y muchos minerales, además de un sabor inconfundible; contribuye a una mejor digestión, libera las vías respiratorias y da vigor a nuestro cuerpo. Podemos tomarlo crudo, en las ensaladas, como tapa o para picar; no es menos sabroso si lo rehogamos o lo guisamos aliñado.

En otoño hallamos **calabazas** de todas las formas y colores: desde un blanco cremoso hasta un verde oscuro, enanas o gigantes, cultivables incluso en nuestro propio jardín, como la abobra. Algunas variantes se toman con piel. La carne amarillo-anaranjada se puede asar, freír o rehogar en su propio jugo. Cuando se aliña o se combina hay que estar atento a no estropear su delicado aroma.

Entre las lechugas de otoño, la **crespa escarola,** los amargos brotes de la **endibia,** la **lechuga roja**... Combinan a la perfección con el poderoso **rapónchigo** (del monte mismo, bien lavado) y las variedades orientales **(pak choi,** *hakusai* o **col china),** una vez fritas en el wok.

Verduras de invierno

El invierno marca grandes diferencias culinarias en Europa: no es lo mismo la moderación del Mediterráneo que los hielos del Norte. El horno o una parrilla nos ayudarán a soportar mejor el frío.

Con el frío invernal llega la época de los sabores vegetales más especiales del año. Se trata de aquellas verduras y hortalizas que despliegan todo su sabor después de haber recibido los primeros hielos. Son frutos de la tierra con un sabor muy especial, que han tenido esperando a los especialistas en cocina durante todo el año. En el arte de su aprovechamiento y conservación se aúnan tradición rural y conocimientos arcaicos de granjeros y amas de casa con los más modernos de los investigadores. Son los sabores que nos van a ayudar a conservar nuestra energía durante todo el invierno. Imprescindible será entonces contar con estas verduras y hortalizas de invierno que, apoyadas por el sabor y el aporte vitamínico de la fruta fresca, nos ayudarán a llegar saludablemente a la próxima primavera.

Las muy frías

Mientras que el frío perjudica a la mayoría de los frutos del huerto, hay dos miembros de la familia de la col que disfrutan con las primeras heladas. Gracias a ellas se transforman los almidones de su interior en azúcares, y eso contribuye a suavizar su sabor y prestarles un tono delicado. La más conocida de estas princesas invernales es la **col de Bruselas,** cuyos brotes se recogen a partir de noviembre a ras del suelo. No hay que dejar que hiervan mucho tiempo (de lo contrario, se acentúa su sabor, resultan indigestas y pierden muchos de sus componentes fundamentales: hierro, sodio y vitamina C). La **col verde** o col rizada es una hortaliza que en los países centroeuropeos puede crecer en campos cubiertos de nieve. Aunque en los platos tradicionales se combina con panceta o jamón, los vegetarianos pueden disfrutar ampliamente de ella con curry o con leche de coco. Antes de rehogarlas o hervirlas, se eliminan los troncos fibrosos y se hierven en abundante agua y sal. Así se suaviza su sabor. El mismo principio es aplicable para las coles de Bruselas.

De la tierra

Especialmente resistentes a los fríos y heladas invernales resultan las hortalizas de raíz y los tubérculos. El frío subraya incluso su sabor. Uno de estos casos es la **raíz de apio,** que además de su usual aprovechamiento para hacer toda clase de sopas y potajes, se puede comer en puré, con crema, rehogada, frita o incluso servida en rodajas empanadas o en *chips*. Si bien el apio no tiene un contenido alimenticio

Horneado

Al calor de un horno podemos preparar muchas verduras enteras y con piel: patatas, cebollas y otras liliáceas, berenjenas, pimientos, tomates... Estos últimos se cuecen tan pronto que no requieren protección; si no, mejor envolver las verduras u hortalizas en papel de aluminio. También se pueden preparar a la sal, retirando luego la piel con cuidado; haremos una pasta con sal marina gruesa y clara de huevo, rebozaremos bien la pieza y al terminar, partiremos el caparazón endurecido. Las verduras cortadas (dados de patata, rodajas de calabaza, zanahorias partidas) se pueden asar con un punto de aceite y el aroma de las hierbas resistentes (o especias enteras), ya sea en la bandeja o en un molde.

Gratinado

En su sentido más propio, gratinar equivale a hornear la superficie brevemente, como se hace con la pasta o los suflés. Emplearemos verduras cortadas en piezas regulares, para que la cocción sea uniforme. Lo ideal es que utilicemos partes sin estructuras demasiado resistentes, y así el conjunto se fundirá en un todo. Antes habremos cocido un poco la mayoría de verduras: hervidas (como el brécol o la coliflor) o rehogadas (como las zanahorias). En cambio, introduciremos los ingredientes crudos cuando cocinemos durante más tiempo y con más líquido los platos más compactos (como un gratinado de patatas) o recurramos a ingredientes especialmente tiernos (tomates cherry, cebollinos). La leche y la nata con huevo darán consistencia al gratín o el suflé. Con queso o mantequilla —o sustitutos como los derivados de la soja y el aceite— podemos rematar la receta con una corteza crujiente.

---

especialmente rico, su contenido en aceites etéreos resulta sumamente beneficioso para el organismo, ya que estimula el apetito y la digestión y proporciona un aporte adicional de sodio. Las partes verdes son mucho más nutritivas, puesto que poseen grandes cantidades de vitamina C. Su intenso sabor se puede suavizar preparándola en ensalada con fruta (manzanas, cítricos o frutos secos).

En el mismo caso se encuentran las **chirivías,** aunque no son tan conocidas como el apio. Estas raíces fueron auténticas estrellas antes de perder protagonismo con la llegada de las zanahorias y las patatas. Del perejil antes se consumía también la raíz. Este consumo es prácticamente inexistente ahora, y sólo se aprovechan los tallos y las hojas. La casi desconocida **raíz de perejil** tiene el mismo sabor que la hoja y posee las mismas propiedades beneficiosas del apio, con la ventaja adicional de que tiene un efecto relajante sobre el sistema nervioso. Por eso invitamos a consumir perejil en abundancia, desde la raíz hasta las hojas. Las chirivías son ricas en hidratos de carbono y poseen un aroma agradablemente dulzón. El **aguaturma** es una raíz

cuyo sabor recuerda a las alcachofas. Lo más fácil es hervirlos en agua con sal durante unos minutos y comerlos enteros o raspados. También se puede freír, rehogar o comer empanado. Y nos quedan dos frutos de la tierra que no se comen hervidos ni fritos, sino crudos para aprovechar su inigualable sabor en ensaladas y como condimento. Uno es el **rábano picante,** que sirve magistralmente para subrayar el sabor de los alimentos y que tiene un efecto digestivo para diluir grasas. Si se compra en conserva o se hierve pierde una de sus más extraordinarias propiedades: la estimulación de la circulación sanguínea y de la digestión, además de la capacidad de reforzar el sistema inmunitario. El segundo fruto de invierno de la tierra tiene importancia por su sabor extraordinario, aunque su precio nos obligue con frecuencia a renunciar a él. Nos referimos a las **trufas,** que sólo pueden disfrutarse frescas en la estación fría y que sirven para ennoblecer ciertos platos de invierno (además de para enriquecer algunos platos de caza y estofados, aunque eso no interese mucho a los vegetarianos).

Almacenar verduras y hortalizas

En esta época en que los supermercados disponen casi inagotablemente de toda clase de alimentos frescos durante prácticamente todo el año, puede resultar paradójico recomendar a los que tengan suficiente espacio (sótanos, despensas y fresqueras) que hagan acopio de ciertas hortalizas básicas para pasar los meses de invierno. Pero lo recomendamos: aunque siempre exista el recurso de bajar al súper a comprar una bolsa de guisantes congelados o una lata de champiñones, hay ciertas hortalizas que se pueden guardar fácilmente en lugar oscuro, fresco y seco, y que saben mucho mejor naturales que las que están enlatadas.

Otra posibilidad que tienen los manitas con tiempo y ganas es la de preparar sus propias conservas de verduras y hortalizas. Saben más ricas que las compradas y su preparación, vista desde el lado lúdico, puede representar horas de descanso y relajación. Y aportar además el placer adicional de poder decir «Esto lo hice yo».

En cualquier caso, sean del supermercado, de la verdulería, de casa de la abuela o de la propia cocina, nunca deberían faltar en la cocina de invierno **tomate en conserva, col macerada en vinagre, pepinillos, pimientos enlatados, remolacha, algas, guisantes congelados** y **espinacas.**

Legumbres

Son un pariente pobre de la mesa, pero extraordinariamente sanas. Y pueden ser muy sabrosas y atractivas, lejos de los potajes insípidos o los purés incomestibles.

«¡Las legumbres están listas!». No suena a gran cocina, de acuerdo. Alubias a lo pobre, puré de guisantes o sopa de lentejas han sido clásicos de aquellos a quienes la miseria obligaba a prescindir de la carne. Y aunque no hubieran leído nunca una tabla de nutrientes —ni supieran leer poco más que su nombre—, resulta que era una estupenda fuente alternativa de proteínas y hierro. Si además los combinamos con cereales (véase la página doble inmediata), podremos absorber mejor esas proteínas. ¿Hay salud pero no ganas de comer ni ilusión por la cocina? Bueno, entonces ¿qué tal si anunciamos que está lista la sopa de lentejas con coco y guindilla? (receta en la página 88).

Las legumbres tienen un sitio fijo en las cabañas campesinas de todo el planeta. Y no ha sido solo el instinto natural de estas gentes sencillas lo que ha provocado que quienes no toman carne (por necesidad o por decisión) giren la vista hacia las lentejas, las judías o los guisantes. Hay una razón práctica: las semillas secas de estas leguminosas se conservan muy bien. De modo que el campesino podía dejar las vainas en la planta hasta que amarilleaban las hojas y secarlas tras la cosecha, al sol o por medios mecánicos, antes de extraer los frutos. Por eso se ofrecen con su vaina muchas veces, lo que incrementa su valor nutricional pero dificulta la digestión. Las legumbres peladas podemos partirlas en dos, si queremos que se deshagan más fácilmente (más detalles en los recuadros

de la derecha). Por su abundancia en hidratos de carbono dan sensación de saciedad y acumulan mucho aroma. En las tiendas de productos naturales (o de productos de Oriente) hallaremos variedades muy ricas; en el primer caso, además, ecológicas y con una acumulación mínima de sustancias nocivas. Por cierto: por muy bien que se conserven, no debemos almacenarlas durante más de un año, o no se ablandarán bien durante la cocción.

Las lentejas

¿En qué casa faltan las lentejas? Son tan fáciles de preparar que la respuesta es clara: en casi ninguna. No siempre es necesario ponerlas a remojo y están listas en menos de una hora (más sabrosas y enteras que las ya cocidas, por descontado).

Las **lentejas rubias** son las más gruesas, ideales para una sopa, por ejemplo. La **pardina,** más pequeña, tiene una fama más exquisita. Existen muchas variedades locales, más delicadas o menos, de colores diversos, lisas o manchadas. Entre las más famosas de Europa figuran las **de Puy** (Francia), de color verde acastañado, consistentes, de aroma de nuez, ideales para ensaladas o guarnición de las comidas caseras más nobles. Las **lentejas negras** (denominadas en ocasiones «caviar») no son muy fáciles de encontrar; pero su textura es firme y el aroma suave, lo que las hace idóneas con tofu al horno o con pasta. La cocina de la India y el extremo Oriente incluye asimismo **variedades peladas rojas y amarillas,** que se cuecen con celeridad y dejan un sabor relativamente neutro. Resultan, por tanto, una buena base para aromas intensos como el del *dal* indio (un puré

Cocer

Las legumbres deben cocerse, si las queremos en la mesa relativamente pronto. Podemos cocerlas en la misma agua en la que han estado a remojo, pero como esta contendrá suciedad, es preferible tirarla y llenar de nuevo la olla con agua fría. Llevamos el recipiente a hervor. Si la legumbre estaba en la olla, dejaremos hervir diez minutos para eliminar la fasina, una albúmina tóxica. Luego bajamos a fuego medio y dejamos que se vayan hinchando. Las lentejas tardarán entre 10 y 20 minutos (las rojas o amarillas), entre 25 y 45 minutos (las pequeñas y delicadas) o unos 45 minutos (las más grandes); los guisantes pelados y las alubias pequeñas entre 45 y 60 minutos; las alubias más gruesas y los garbanzos media hora o una hora más. Si después de dos horas de cocción las legumbres siguen estando duras, es que eran demasiado viejas. No conviene añadir la sal o el vinagre hasta el final, porque frenan el ablandamiento. Incorporar al principio hierbas, especias o aromas como el del jengibre o el ajo.

A remojo

Primero colaremos a fondo las legumbres, en un tamiz, con agua fría. El primer paso puede ser removerlas sobre una fuente grande, para eliminar piedrecillas u otros cuerpos. Las lentejas pueden pasar a la olla de inmediato; el resto lo dejaremos en un recipiente y lo cubriremos con agua fría (5 partes de agua por 4 de legumbre). Las semillas peladas, partidas o especialmente pequeñas (como las *adzuki* o *mung*) quedan listas para la cocción en una o dos horas. Los guisantes sin pelar o los garbanzos, como la mayoría de legumbres secas, requieren un mínimo de siete u ocho horas. Las variedades más viejas, más. Podemos ahorrar algo de tiempo (sacrificando algunos nutrientes) si empezamos por dar un hervor a la legumbre en la que será su agua de remojo; entonces necesitará solo una o dos horas para ablandarse.

especiado de lentejas u otras legumbres) o la sopa-puré de lentejas de los turcos. Las lentejas contienen muchas proteínas, pero no tan valiosas como la de otras legumbres. Para optimizar su valor, lo mejor es combinarlas con cereales como el arroz.

Garbanzos

Los **garbanzos** han sido otro plato tan frecuente en la cocina de los pobres, que han necesitado el impulso de la cocina árabe u oriental para recuperar importancia en nuestro menú. Alguno hay que dice no poder con ellos y disfruta, inconsciente, de un buen *falafel*... Pero ese *falafel* (albóndigas especiadas y fritas de pasta de legumbres), o su primo hermano el *humus* (puré de garbanzos, igualmente muy sazonado), no distan tanto de nuestros cocidos como nos podría parecer, y pueden ser una variante atractiva para nuestras sopas o nuestras ensaladas. Si aceptamos la invitación a recuperarlos, sin embargo, debemos tener en cuenta que la piel es poco digestiva, al igual que ocurre con los guisantes; y que la cocción será relativamente lenta (más lenta que en las lentejas, por ejemplo).

Judías

Antes de que los europeos llegaran a América solo se conocían en nuestro continente las **habas** más gruesas, de buen sabor, cuando son frescas (página 15). Pero aquí

hablamos de las variedades de legumbre seca, en las que la mejor opción pasa por el Nuevo Mundo. Una de las cocinas que mejor las ha aprovechado ha sido la italiana, que añade *fagioli,* en todas sus formas y colores, a la minestrone y los *antipasti* o entrantes. Las **borlotti** (una clase de alubias pintas) y las **cannellini** (más pequeñas y claras) están entre las más conocidas del país de la bota. En Francia se prefieren las **flageolet,** de color verde pálido; en Estados Unidos, las **baked beans** (una clase de alubias con tomate). Pero América sigue representando el esplendor de las habas y judías, y solo en la cocina de México podemos encontrar innumerables variantes de **frijoles,** como el **ayocote,** de grano muy grande y color violeta; las **variedades negras;** la **alubia roja** de forma perfecta de riñón, la **alubia de Lima** (*garrafón* en otras zonas)... No hay menos colorido en Asia, y especialmente en la India: desde las **judías** *adzuki* (pequeñas, rojas y dulces) a las grises o verdes **alubias** *urd* y *mung*. Y eso sin olvidar a la prima hermana de la que hablaremos a continuación, que ha cobrado en los últimos tiempos un gran protagonismo.

Semillas de soja

Las semillas de soja, semejantes a unas judías pequeñas, ocupan un lugar predominante en la cocina vegetariana: contienen muchas proteínas de calidad, que reemplazan sin problemas a las de la carne, el pes-

cado, la leche y el huevo, y además, cantidades de hierro y calcio poco frecuentes en la verdura. Sin embargo, son raros los potajes, gratinados o suflés de soja. Lo más habitual es encontrar productos derivados: leche de soja, yogures, y sobre todo el tofu y sus variantes (compacto, sedoso, fresco, ahumado...). De las semillas saladas y maceradas se obtiene la salsa de soja, la pasta miso o la pasta negruzca de alubias picadas. Y otro clásico son los brotes de soja, claro, que en general proceden de judías *mung* puestas a remojo. Quien tenga la oportunidad de probar las semillas frescas al vapor (como hacen los japoneses al tomar cerveza, sake o aguardiente), no debe desaprovecharla: ¡son una gozada! Al mismo tiempo, las semillas de soja son una fuente de preocupaciones para muchos *vegetas* de alma verde, porque encabezan la lista de la manipulación genética. Lo mejor es recurrir, por tanto, a comercios ecológicos de nuestra confianza.

Cereales y granos

Bienvenidos a la maravillosa Jauja, en la que de cada hierba, arbusto o árbol penden frutos jugosos, esponjosos panes, dulces pasteles... ¡Bienvenidos al paraíso del trigo y la nuez!

De un modo u otro, todos tomamos cereales. Arroz, maíz, pasta, pan, muesli, cerveza... son cereales en el todo o en su mayor parte. Aunque no siempre incluyan lo mejor de la casa, puesto que los granos en sí adolecen de un exceso de almidón. Lo mejor se encuentra en el cascabillo y en los brotes: nutrientes de primera categoría, como una proteína excelente (idónea para quienes prescinden de la carne), además de buenas cantidades de hierro, calcio y vitamina B. El problema: a las sustancias tóxicas también les gusta la cáscara. Lo mejor es comprar los cereales integrales o en tiendas de productos ecológicos o de marcas respetuosas con el cultivo biológico. Los productos refinados, no integrales, tienen sus ventajas: saben mejor (como el arroz blanco asiático), funcionan mejor (como la harina blanca de repostería) o sientan mejor (la fibra en demasía no es buena). El equilibrio se puede restablecer añadiendo al conjunto unas nueces, unos granos o unas semillas.

Los cereales más conocidos

El **trigo** quiere calor durante su fase de crecimiento, pero no demasiado seco ni caliente, por lo que prefiere las zonas de clima mediterráneo; sobre todo el trigo duro, empleado en la pasta y el cuscús. Pero no es menos popular en otras zonas, como trigo común, o el apreciado candeal;

lo hallaremos en el pan, en la pasta con huevo, en la cerveza de trigo... ¿Cuál es el secreto? Un gran valor nutritivo, aunque quizá no tan excelente como en otros cereales. Lo más característico es una proteína de reserva, el gluten (véase también el recuadro de la derecha), que da consistencia a las masas finas de harina de trigo. Existen diversas calidades de harina; el 450 marca la calidad mínima, y cuanto más alto sea el número, mayor porcentaje contiene de las virtudes del cascabillo o los brotes. Como tantos otros cereales, el trigo se muele también en granos gruesos, como los de la sémola, y aún más gruesos, como en los triturados; y se prensa asimismo en copos. Con sémola al vapor se prepara en los países musulmanes el **bulgur** o *burghul* (por ejemplo, en ensaladas), y con bolitas de harina y sémola, el **cuscús.** Una idea: el salvado de trigo (esto es, la cascarilla molida) contiene mucha proteína y también mucho hierro.

La **cebada** es prima hermana del trigo. Hoy se emplea fundamentalmente como pienso o como ingrediente de la cerveza, puesto que es algo menos rica en nutrientes y menos apta para la repostería. Pero la cebada mondada no desdice en un potaje, por ejemplo.

El **centeno** es frecuente en la panadería del norte de Europa, algo menos en el Mediterráneo. Es menos exigente que otros cereales en las condiciones de cultivo; su aroma es rico y no carece de hierro ni de vitamina B. El inconveniente es que contiene relativamente pocas proteínas y no se panifica fácilmente, si no es en combinación con harina de trigo. Por otro lado, debemos comprarlo en tiendas ecológicas, ya que absorbe con facilidad sustancias nocivas.

La **avena** era un ingrediente básico de las cocinas antiguas, cuando se desayunaba masa, en lugar de panecillos. Ha regresado a un primer plano con el muesli, un cereal rico en proteínas, hierro, calcio y vitaminas. Su harina no es apta para el horneado, por eso se ofrece en copos.

El **arroz** procede en realidad de Asia, pero hace ya muchos siglos que nos llegó a través del Oriente Próximo. Blanco y pelado no destaca por su valor nutritivo, aunque es bueno para la digestión y además desintoxica. En la variante *parboiled* («vaporizada») el vapor transmite hacia el interior parte de las virtudes de la cáscara. El de

Tostar semillas

El tostado disuelve las esencias aromáticas de nueces, pepitas y semillas, que entonces saben y huelen mejor. Para ello usaremos una sartén pesada, que calentaremos ligeramente, sin aceite. Incorporamos las semillas, doramos por un lado (con atención, porque el proceso se acelera mucho y podrían quemarse) y luego regularizamos el tostado removiendo o agitando cuando sea preciso. El aroma nos indicará cuando están listas, pero debemos parar antes de que las semillas se ennegrezcan, o quedarán amargas. En caliente se pegan y pierden las esencias más importantes, por lo que es aconsejable dejarlas enfriar.

Gluten

Gluten significaba en latín «cola», y es que se trata de una proteína «pegamento», que da consistencia a lo horneado (por ejemplo, a la harina de cereal). Para los celiacos el gluten es un problema, porque les impide la correcta absorción de nutrientes. Es ingrediente del trigo, del centeno, la avena, la cebada, la escanda, el kamut y sus derivados. Por el contrario, no contienen gluten el arroz, el maíz, el mijo, el alforfón, el amaranto ni la quinua. Pero en sus derivados es preciso vigilar, puesto que no es raro que se combinen con harina de trigo u otros ingredientes con gluten.

grano largo queda más suelto y tiene variantes aromáticas; el redondo suele quedar más pegado. En España se cultivan variedades de arraigo y gran prestigio, como las de Calasparra (de cocción más morosa y absorbente) o el delta del Ebro. De América nos vino el **maíz,** que en cuanto a valores nutricionales sobresale entre las verduras, pero entre los cereales es más bien un peso ligero. Carece, ante todo, de proteínas valiosas. Pero bueno, ¿quién vive solo de gachas, polenta o palomitas?

Cocer cereales

Quien desee cocer cereales para purés, sopas, albóndigas, suflés o dulces debe ponerlos antes a remojo en agua fría. Los harineros típicos como el trigo o el centeno, durante unas 4 horas; los granos más pequeños (por ejemplo la quinua, el trigo sarraceno) y los derivados (como el cuscús), según las instrucciones del paquete; menos tiempo o incluso nada (arroz, sémola). Si secamos los cereales al horno (100-150 grados), serán más sabrosos y reducirán en un cuarto el tiempo de cocción. Se cuecen sin sal y luego se dejan reposar sobre la placa apagada o en el horno al mínimo de potencia (50 grados). Estos son los tiempos aproximados:

Alforfón, cebada, mijo, quinua, arroz:	10–15 min. cocción + 15–30 min. reposo
Amaranto, avena, arroz integral:	20–30 min. cocción + 20–30 min. reposo
Escanda, centeno, trigo, kamut (puestos antes a remojo):	30–45 min. cocción + 45–60 min. reposo

Rarezas

La **espelta** o escanda es una forma primitiva del trigo, conocida ya en el antiguo Egipto. Tiene un sabor peculiar y no desmerece en la escala de nutrientes. Además, está comparativamente libre de sustancias nocivas, gracias a que el grano queda rodeado por un cascabillo muy grueso. Esa protección provoca una respuesta menos directa a los fertilizantes y, por tanto, un desinterés de la industria de semillas, de modo que resulta más difícil de conseguir, pero los amigos de lo puro lo aprecian tanto más. Se recoge antes de que madure, se seca y muele, y se emplea en sopas (o en las gachas de crimno).

El **trigo sarraceno** o alforfón no es propiamente un cereal, pero sus propiedades son similares. Genera una harina rica en proteínas, estimada para especialidades como las tortas rusas *blini* o los fideos japoneses *soba*. Adquiere un sabor muy bueno, sobre todo, tostada.

El **mijo** es el cereal de los desiertos, pues aguanta perfectamente la sequedad y el calor. Nos procura abundante hierro y otras sustancias minerales, así como vitamina B (que cuando se prescinde de pescados y carnes se echa en falta pronto). En África se toma rehogado, como el *risotto,* en masa de albóndigas, en sémola o como gratinado. En América son populares variedades como el maicillo o la cañahua.

En las tiendas ecológicas y naturistas, y en algunos rincones de supermercado, podemos encontrar rarezas no poco interesantes por gusto y valor nutricional. La más conocida es la **quinua.** Las hojas (similares a la espinaca) son comestibles; la semilla se vende seca, en copos, o se cuece en agua, como el mijo o el arroz. Es una buena fuente de proteínas, aunque no sea propiamente un cereal. Lo mismo cabe decir del **amaranto,** otro no-cereal denominado en ocasiones «espinaca china» y muy popular en América y Asia, por sus hojas, o molido en harina, o tambien por sus semillas (ya sea enteras o picadas).

Nueces y semillas

Ponen en forma, alegran el día, embellecen el cuerpo, despiertan los sentidos... ¿y adelgazan? No, lo último no. La mayoría de nueces, semillas y pepitas son grasas. Pero no hay que olvidar que determinadas grasas, en su justa medida, son necesarias para el cuerpo, el humor, el cerebro, la piel... Avellanas y nueces, almendras y pistachos, piñones y anacardos, pacanas y macadamias, todas ellas nos ofrecen mucho. Y a los vegetarianos, más, puesto que contienen proteínas (aunque menos valiosas y abundantes que en los cereales), calcio, hierro y vitamina B: lo que se aprecia en la carne. Sobre todo, en el caso del cacahuete, muy rico en proteínas; de la linaza, las pipas de girasol y el sésamo (con extra de calcio). Las nueces, por su parte, nos aportan los beneficiosos ácidos grasos omega-3, como el pescado. ¡Un festín!

¡Ser *vegeta* es elegante!

Pues sí, los tiempos han cambiado. Ya no está de moda reírse de los vegetarianos ni castigarlos «al rincón de los conejos». Ahora figuran en las portadas de

las revistas de tendencias de moda, con una hermosa sonrisa, y disfrutan de algunos de los más diversos y afamados restaurantes urbanos. Pero tampoco es necesario llegar hasta ese extremo. Empecemos por fijarnos en nuestros amigos y nuestra familia: ¿cuántos son vegetarianos, o incluso *veganos* (prescinden igualmente del huevo y la leche)? Más de uno, ¿verdad? ¿tú mismo? Lo estás probando, te estás convenciendo... ¡Cuéntame un poco más!

En las siguientes páginas cedemos la palabra a los vegetarianos. ¿Por qué lo son? ¿Cómo lo llevan? ¿Qué beneficios les reporta? ¿Qué inconvenientes (puesto que no todo el monte es orégano, ni siquiera entre vegetarianos)? Eso nos dará una imagen realista, sin prejuicios a favor ni en contra de esta peculiar manera de entender la cocina (y tal vez la vida). A cambio —si es que alguien tiene dudas— veremos que hasta el más radical de estos verdes es, en el fondo, una persona como cualquier otra.

El conejo

del

abuelo

¡Liberad-
los!

Porquería

pura

Estofado
de lentejas

Cocina

del

campo

Buen

karma

Aceite
y
vino

Evolu ción

!

Los asados de mi abuela

La carne un lujo

El placer de la verdura

rosa de rábano

¿Para qué hacer régimen?

16 razones para ser vegetariano

Sin estrés

El secreto de los famosos

Pitágoras

El conejo del abuelo

«No me mires con esa cara tan triste... ¡Que no muerdo! No puedo comerme a un animal que mira con tanta lealtad. Como el conejo del abuelo, cuando me lo vi en la mesa, guisado con ajo y tomates... Si no lo hubiera conocido, no sé, ¡pero es que había jugado con él! Desde entonces no pruebo la carne. El pescado es otra cosa: no veo inteligencia ni lealtad en su mirada. Los huevos, la leche o el queso, me parecen de lo más sabroso. Pero siempre hay quien me pregunta si sé que el calzado de piel es de un animal muerto...»

Encarna (Soria)

¡Liberadlos!

«¿Un animal en mi plato? No. Si la evolución natural se hubiera desarrollado de un modo diferente, ¿acaso me gustaría que me comiera él a mí? No porque nosotros seamos los animales más listos (si es que lo somos) tenemos derecho a zamparnos a los demás, a encerrarlos en establos (hasta que hayan engordado), a cebarlos (con pienso para ratas), a matarlos (tiernecitos, como a los añojos). ¿Somos especiales, únicos, más desarrollados? Entonces creo que eso nos obliga a proteger, no a agredir. Tuya es tu leche, tus huevos, tu piel.»

Rafa (Granada)

Porquería pura

«¿Qué somos capaces de hacer por un bistec? De los prados, pastos; de los campos, industrias de forraje; de la libertad, establos; de la muerte natural, mataderos; y encima toda una serie de almacenes, camiones e instalaciones frigoríficas que nos cuentan el dinero, la tierra y la energía. Se genera tanta porquería que multiplicamos el efecto invernadero (¡maldito metano!) y contaminamos las aguas subterráneas (¡venga nitratos!). ¿Y la verdura? Cuesta igualmente dinero, tierras y energía, pero mucho menos que la carne, la leche y los huevos. ¡Nos da más por menos!»

Tina (Vigo)

Estofado de lentejas

«Hay carnes tan baratas que poco tienen de carne: comemos pienso de ceba industrial, con vete a saber qué más. Cuando la intentas freír se desinfla como un globo y suelta unos líquidos que valdrían para desatascar el baño... ¿Y eso no es peligroso? Claro está que también hay verduras que no valen lo que cuestan, pero dudo de que sean peligrosas. Para empezar, la verdura de temporada es la más barata, pero por lo general es la más sabrosa, y no la más artificial e hinchada. Será comida de pobres, pero me quedo con un estofado de lentejas o unos espaguetis al pesto.»

Isa (Madrid)

Cocina del campo

«En las tierras pobres nunca se ha abusado de la carne. Bastante costaba sacar adelante el campo y aun la propia vida, como para abandonar el cultivo de la verdura, los cereales o los frutos secos y convertir la tierra en pastizales y alfalfares. Había animales, que daban leche, huevos, lana o estiércol. Y la carne se comía solo en los días de fiesta más especiales. Para el resto, gachas, migas, potajes, sémolas, pasta... De lo más sencillo a lo más rico, primos hermanos de un sabroso cuscús de verduras, por ejemplo. Yo he crecido siendo medio vegetariana.»

Zoraida (Barcelona)

Buen karma

«Son muchas las religiones que prohíben el consumo de carne; no en vano se ha escrito que el cristianismo, el islam y el judaísmo tienen raíces vegetarianas. En los dos últimos casos, la carne de cerdo sigue siendo tabú. Muchos budistas son *vegetas* como acto de ascesis, aunque su credo no les prohíba expresamente las carnes ni los pescados. (Además, antes de morirse de hambre, por ejemplo, un budista debe comer carne, si es preciso.) Los más radicales son los hindúes: para un buen karma tienen que prescindir de matar y alimentarse de animales, o se reencarnarán en un ser inferior.»

Xabier (Vitoria)

Aceite y vino

«En el campo siempre se ha vivido más. Y por lo que yo sé, también en Japón, o en los Alpes. En sitios donde se traga menos carne y la base está en las verduras, las hortalizas, la leche, a veces el pescado. La famosa 'dieta mediterránea' no es más que un ejercicio de sentido común. Muchos cereales, muchas verduras y hortalizas, legumbres, frutos secos, aceite de oliva todos los días, algo de queso o yogur, vino... menos huevos, pescado y aves, y casi nada de carne. No es un mal principio y queda muy cerca de los ideales vegetarianos.»

Blanca (Ibiza)

¡Evolución!

«Nuestros antecesores más antiguos, los primates, no comían carne. ¿Por qué lo hacemos nosotros? Se dice que en esos cincuenta millones de años hemos aprendido a criar animales, matarlos y guisarlos, tiempo de sobra para acostumbrarnos, ¿no? Lo que pasa es que el invento es más reciente: la agricultura, la ganadería, la industria alimentaria y el trabajo de oficina empezaron hace diez mil años, no más. Así que nuestro cuerpo está hecho a los vegetales, no a los animales. Un poco de carne, genial, pero medida y de vez en cuando.»

Coral (Valencia)

Los asados de mi abuela

«En casa hemos crecido sin carne. Leche materna, purés de cereales y verduras; luego variantes de esa misma fórmula: verdura + cereales + leche. De hecho, mi madre habría prescindido incluso de la leche, pero a mí me resulta muy complicado obtener de otro modo el calcio, los aminoácidos y todo eso. Cuando me he independizado, yo misma he pasado del requesón al tofu. La carne no me dice nada. La versión humorística la pone mi padre: «Si hubieras llegado a probar los asados de tu abuela... ¡comprenderías por qué somos vegetarianos!» **Isabel (Bilbao)**

La carne, un lujo

«Supongamos que nos gusta la carne, como a la gran mayoría. Y que nos gusta la buena cocina, como a la gran mayoría de lectores de este libro. Eso excluye la carne barata. Y la de calidad, la sabrosa y responsable, me resulta demasiado cara, casi siempre. Así que hago como antiguamente o como en tantos países pobres: la carne es un lujo. Preparo pasta variada, verdura fresca, sabrosas legumbres... Y no me va mal. A veces me pregunto si no soy ya *vegeta* y no me he dado cuenta...»

Antonio (Madrid)

El placer de la verdura

«¿Hay mayor placer que morder un tomate jugoso, sorber una contundente sopa de ajo, derretir en la lengua un gratinado de berenjenas? Lo prefiero mil veces a ratonar un hueso de conejo o intentar rasgar un pedazo de jamón. Ya no te digo si me imagino al animal indefenso ante su verdugo o el lento despiece del carnicero. No, yo no puedo con la carne: ni en los comercios, ni en la olla, ni menos en mi plato. Me encanta la buena cocina, pero yo la identifico con una ensalada imaginativa. Con los huevos, sí puedo; con el queso, no.»

Luisa (Valencia)

Rosa de rábano

«La verdura es rojo pimiento, amarillo maíz, naranja zanahoria, verde espinaca, violeta berenjena, marrón níscalo, blanco de espárrago, rosa de rábano... ¿Y la carne? Roja o rosada. Las verduras son redondas, ovaladas, alargadas, cabezas, raíces, hojas, tallos, pencas, brotes, flores, jugosas, crujientes, dulces, amargas, ácidas, picantes... La variedad de la carne depende del cuchillo y el cocinero. Unas simples zanahorias se aprecian crudas, marinadas, rehogadas, al vapor, asadas, fritas, en puré, al horno... ¿Pero un bisté? ¡A la plancha y poco más!»

Linda (Sevilla)

¿Para qué hacer régimen?

«Carne, huevos, leche y pescados... ya me gustaría, pero son demasiado para mí. Y es que las proteínas de la carne y todo su potencial no se me ponen ya en los músculos, sino en el culo y las caderas. La grasa de las chuletas, de la piel de un pato, del camembert mismo... Trabajo sentada ante una pantalla demasiadas horas al día y no quiero ni gimnasios ni pasar hambre haciendo régimen. La tierra me da todo lo que necesito: soy vegetariana y lo disfruto. ¡No me falta ni variedad ni placer!»

Pilar (Cáceres)

16 razones para ser vegetariano

Para unos es una renuncia; para otros, una ganancia. Unos lo hacen por razones éticas; otros, por su salud. Para algunos es más práctico; para otros, una misión personal. La lista es larga y los motivos, por lo general, se entremezclan. Hay muchas razones para ser *vegeta* y no pocas polémicas. Aquí 16 personas nos ofrecen las suyas, para que reflexionemos, escuchemos, las guardemos y divulguemos; para tranquilizarnos o incluso para picarnos. Pero ante todo, una cosa: el vegetariano escoge, pero no va en contra de nadie.

Sin estrés

«Los sábados me bajo al mercado. De camino a casa, voy picoteando un par de zanahorias, y el resto a la nevera. El domingo ensalada, y para la semana sopas a cuál más sabrosa. Y es que el sabor de la vida pasa por no complicársela. Si el sábado siguiente paso por la carnicería, tengo que señalar un trozanco de carne, preguntar qué se supone que es, pobre de mí si por el camino hace calor, corre a guardarlo en la nevera, que no se me pase asarlo mañana, y si cuece de más ¡qué narices hago con esa zapatilla!... El doble de esfuerzo y la mitad de placer.»

Manolo (nómada)

El secreto de los famosos

«Me acuerdo de los primeros vegetarianos famosos de aspecto enfermizo. Hoy son muchos los famosos de aspecto sano que, cuando les preguntan por los secretos de su éxito, responden con claves como mucho deporte, agua, yoga y comida vegetariana. Yo no me guío por las revistas de tendencias; pero cuando en la prensa «seria» no paran de salir vacas locas, pollos con dioxinas, engorde con clembuterol, restos de antibióticos... la verdad es que me fío más de la verdura que puedo comprar en una tienda de productos biológicos.»

Cristina Paloma (Madrid)

Pitágoras

«Corre la idea de que la carne nos hace agresivos e indolentes, y que sin carne somos más pacíficos y pensamos con más libertad. Viendo algunos foros de vegetarianos en internet (yo, que soy forofa de la red) no me parece que sea necesariamente así. Sin embargo, hay gente que ha cambiado el mundo a su paso y han sido *vegetas* modélicos, como Pitágoras, o Gandhi, o qué sé yo, Paul McCartney. Las grandes teorías y la libertad con mayúsculas las dejo para las pancartas. Hay muchas formas de ser libre, y para mí, ser vegetariano es una forma de libertad.»

César (Ávila)

Cafetería vegetariana

En ocasiones los sueños se hacen realidad: poseer una tienda-café propia, vivir en un mundo en el que no hay conflicto entre *vegetas* y *no vegetas*... ¿Le ponemos voz a uno de esos sueños?

¡Qué mañana más hermosa! El cielo azul y despejado, nuestro parterre verde y brillante... Para celebrarlo, he preparado un té oolong de naranja. Pero ¿con qué lo acompaño? Con tostadas no, desde luego. ¿Tostadas integrales? Mejor un buen pan integral con pipas de girasol, untado con la mermelada de membrillo de Juan. Y mantequilla, aquí la margarina sería delito... y no soy una vegetariana muy estricta.

El Café *Red Onion*

¿Las nueve ya? ¡Al garito! A nuestro Café *Red Onion*. Es vegetariano, moderno, atractivo. Tres años hace que lo tenemos, y sin embargo, me parece una vida. Y lo mismo a los clientes, según me dicen. Ha habido días muy duros, sobre todo al principio, si no entraba nadie; pero ya no nos comemos tanto las uñas. Me acuerdo de cuando entró Pedro por primera vez, justo después de

abrir; probó nuestro chocolate con lavanda y se quedó sonriendo una hora; al mediodía se presentó con una amiga... y hoy siguen viniendo juntos, pero ya con dos hijos. «Sin vuestro chocolate no me habría atrevido a invitarla a comer», dice Pedro, guiñándonos el ojo.

Bueno, «invitarla a comer» es decir mucho, quizá. En realidad ofrecemos un plato del día, de modo que quien quiera puede tomarse una ensalada o una sopa miso de verduras, por ejemplo. Aunque no todo es de cultivo ecológico puro. Complicaría mucho las compras, encarecería mucho los platos y además, no todo lo *bio* sabe necesariamente mejor; al contrario. O sea que la gente viene porque la cocina es sabrosa y la presentamos con buen gusto. A veces me preguntan si lo hacemos «con amor»... pero es demasiado grandilocuente. El amor es otra cosa, no se puede a las zanahorias, por muy buenas que sean. Aunque claro, a una hamburguesa de carne indefinida con patatas fritas congeladas, menos aún...

La parte del amor

Bueno, algo debe al amor nuestro *Red Onion*, es verdad. Porque Juan no es sólo mi socio empresarial. Y es que estos vegetarianos son encantadores, y cuando como por arte de magia me convierte un pimiento en un paté con tostones, o un simple arroz con guisantes en un *risotto* de limas al jengibre... vaya, me gustaría saber quién no sucumbe a su hechizo. De carne sólo emplea algunas lonchas de pavo en la ensalada.

Lo que vino después fue un viaje muy enriquecedor, en cuyo transcurso fuimos cambiando las carnicerías por los colores del jardín de hortalizas. O del laboratorio, porque ahora preparo remolachas de todas clases, raíces de perejil, chirivías, aguaturmas (¡sólo el nombre ya es sabroso!)... Basta que sea la temporada, para que el precio resulte aceptable. Y en una buena verdulería siempre es temporada de algo.

Salvaje y sabroso

Y nada, antes de darnos cuenta, habíamos levantado la persiana. Fue un cambio bastante grande, pero «sabroso» desde el primer día, por así decir. Nadie se queja de que sólo haya unos pocos taburetes junto a la barra y de que no vendamos alcohol. En verano tenemos la «terraza» de los bancos de la placita. Preparamos bebidas especiales, desde un *Virgin Mary* de zanahoria hasta un té *matcha* con leche. Cada día preparamos una receta de algún rincón del mundo; Italia, el Magreb, el Oriente Próximo, Asia... y claro, cocina española. ¡Hay tantos platos tradicionales que son joyas para los vegetarianos! Sólo con el tomate tenemos gazpacho, salmorejo, zarangollo, pipirrana, alboronía... Y estamos empezando con la gastronomía americana, que es muy rica. No hay carne y nadie se queja. Mejor: queremos convencer con comida y no con palabras...

Bueno, me tengo que ir. Juan ya estará cocinando y se pone de un humor... ¡Ser vegetariano no significa por fuerza ser pacífico! Pero echad un vistazo a las páginas y dejaos enamorar... En seguida vienen las recetas.

¡Que os divirtáis!

Por suerte, hay amigos...

¡Se me está haciendo tarde! Bueno, seré breve: nos gusta. Disfrutamos de cocinar con verduras. Y de cocinar para los demás. Nuestros amigos nunca se han quejado, claro; pero tampoco echan a faltar la carne. Y siempre el mismo elogio: «¡Lo vuestro es abrir un restaurante!» Cuando cerró la agencia de publicidad en la que trabajábamos, y nadie nos ofreció nada razonable, y vimos el cartel de «Se alquila», y el local no tenía ningún mal aspecto... ¡En el barrio de los artesanos, un sitio precioso! El dueño no puso pegas a que prefiriéramos abrir una tienda, más que un restaurante puro y duro. Todo fue muy rápido; al ser tienda, ni siquiera tuvimos que resolver todos los problemas de la restauración, desde ofrecer aparcamiento a los clientes (en el barrio viejo, ni más ni menos) a abrir lavabos para clientes, separados, completos... El logo de la cebolla roja —estamos entusiasmados con ese logo— lo encontramos hecho; mi padre nos ofreció un crédito, mi cuñado hizo todo el trabajo de carpintería, una amiga diseñadora se encargó de los planos y la concepción del interior... Algunas cosas las pudimos hacer nosotros mismos, como arrancar el PVC del suelo y cubrirlo con un entarimado. El plan de negocio y las cuestiones fiscales las hemos resuelto con un gestor y un cursillo «para novatos» de la cámara de comercio. Ahí tuve que ponerme yo; Juan pensaba que no nos haría falta...

Las recetas

Bocadillos

Así ya se puede ser vegeta.

y ensaladas

«El que no haya comido lentejas con pan / no conoce el poder de las fuerzas celestiales», decía un clásico alemán (o casi). Lo que viene a significar que quien sólo usa el pan para hacerse bocadillos de embutido, se pierde medio mundo. Y la mejor mitad, según afirma mucha gente, y no sólo los *vegetas*. ¿Por qué perderse exquisiteces como el pan de ajo con lechuga, o un puré celestial de lentejas con ají? ¿Realmente está más bueno un bocadillo de chorizo que un pan con tomate coronado con cebollino, sal gorda y pimienta?

De hecho, ¿por qué no prescindir del pan, en muchos casos? Es tan jugosa y refrescante la ensalada de tomate... O los tomates a la parrilla con queso, por ejemplo, con requesón más una pizca de orégano. O los infinitos entrantes y platos marinados, desde una alegre ensalada con tofu y jengibre a una ensalada tibia de pasta con lechuga roja. Ser vegetariano es toda una experiencia de sabor, sin necesidad de recurrir a largas explicaciones, a citas clásicas ni a nuestros refranes predilectos.

Nuestro color favorito:

verde lechuga

¿Por qué tanto color en la fruta y la verdura? Para reproducirse (el pájaro se come la cereza, expulsa el hueso y nace un nuevo árbol) o disimular (la buena hierba se hace pasar por mala). Sus colores nos valen como indicio de salud. El verde oscuro de las espinacas o la col delata la presencia de mucho hierro, potasio y clorofila, beneficiosos para la sangre, el cerebro y la eliminación de toxinas. Además contienen carotenoides espléndidos (más en la pág. 62). En las hojas y pieles más verdes, las exteriores, se concentra lo mejor, aunque también una parte de las sustancias nocivas. El verde amarillento no está mal. Y crudo en las ensaladas multiplica su utilidad.

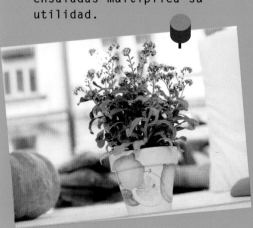

Bebidas vegetarianas

Matcha helado

Es el té helado a la japonesa, con una gruesa capa de espuma. Se obtiene agitando con energía el té *matcha* (verde en polvo, muy fino, habitual de la ceremonia del té). Por lo tanto no hace falta añadirle espuma de leche.

Para 1 persona congelaremos previamente un vaso alto con cubitos. Llevamos a ebullición 150 ml de agua y dejamos reposar 5 minutos. En una jarra ponemos 1 cucharadita de té *matcha* en polvo (de comercios especializados) y 1/2 cucharadita de glucosa; vertimos el agua caliente y con unas varillas pequeñas removemos rápidamente, hasta formar una buena capa de espuma. Pasamos al vaso helado y servimos de inmediato. Con una reverencia, si queremos; pero sin pajita, que deshace la espuma. Se toma para acompañar merengue o pasteles dulces de arroz.

ovolacto?

A poco que recordemos el latín, la respuesta no es muy difícil: los ovolactovegetarianos incluyen en su alimentación tanto la leche *(lactem)* como el huevo *(ovum)*. Desde un punto de vista ético, ni la leche ni los huevos requieren la muerte de los animales. Pueden cocinar, hornear y obtener los nutrientes esenciales con más facilidad que los vegetarianos más estrictos (los llamados a veces *veganos).* Según las estadísticas, los *ovolactos* son mayoría, cerca de un 60%; los *lactovegetarianos* (que toman leche, pero no huevos) son cerca de un 30%. También hay quien incluye en su dieta el pescado; no es una opción propiamente vegetariana, pero a la práctica no es infrecuente.

Toques caseros
Mantequilla de alubias

Además de con aceite de oliva, puede untar el pan con mantequilla de alubias. Combinada con pan integral aporta muchas proteínas.

Dejamos a remojo toda la noche 500 g de alubias blancas, que luego cocemos con 1 manojo de mejorana y 1 cebolla pelada, en 1,5 l de agua, a fuego lento y durante al menos una hora. Retiramos la mejorana, hacemos un puré con las alubias, las cebollas y algo de líquido y tamizamos el resultado con un colador fino. Añadimos unos 100 ml de aceite de oliva y removemos bien. Dejamos enfriar y guardamos la mantequilla tapada, en el frigorífico, donde se conservará entre 2 y 3 semanas. Si se quiere un sabor más neutral, ni mejorana ni cebollas. Si se desea más gustosa, doramos 1 cebolla en dados y la añadimos a la cocción.

Del cajón de las verduras
¿Falta algo sin la carne?

Estimada tía Marga:

Nunca he sido muy amiga de la carne (quizá por la manera muy peculiar en que mi madre la compraba y la preparaba). De hecho, no me tientan ni siquiera las lonchas del jabugo más puro o el más delicado *carpaccio* de ternera con virutas de parmesano. Entre las «16 razones para ser vegetariano» hay más de diez que me convencen, pero aun así me pregunto: ¿no me faltará algo, sin la carne? **Blanca (Tarragona)**

La tía Marga responde:

En realidad, muchas veces ocurre que el régimen de carne provoca excesos de ciertos nutrientes. En la chuleta o el jamón hay demasiada grasa, por no hablar de los misterios ocultos en muchos embutidos. Además, esa grasa tiende a ser saturada y nuestro cuerpo no sabe qué hacer con ella (aparte de engordar); de modo que no suele sentarnos bien. Del mismo modo, un exceso de proteínas tampoco favorece en nada a nuestro régimen alimenticio.

Ahora bien: la carencia de proteínas tampoco es sana. Quien prescinde de la carne y los pescados, pero disfruta de la leche y los huevos (más detalles, arriba), no tiene que preocuparse ni por las proteínas ni por el calcio. Pero el *vegano* que no acepta ningún producto de origen animal, debe hacer cuentas muy claras y estrictas (más detalles, en la página 63). Lo mismo ocurre, para todos los *vegetas,* con el hierro y la vitamina B_{12}, que nuestro cuerpo absorbe mejor a partir de los productos animales, pero no siempre a partir de la leche y el huevo (más detalles, en las páginas 83 y 113). Pero si lees esas instrucciones con cuidado y te riges por ellas, Blanca, entonces no te ha de faltar nada.

Bocadillos de pimiento con queso gratinado

Un bocado de energía

Para 4 raciones de tentempié:

1 pimiento rojo, 1 verde y 1 amarillo
por ración

2 cebollas

3 cucharadas de aceite de oliva

2 cucharaditas de tomillo fresco o

1 cucharadita rasa de tomillo seco

2 cucharaditas de tomate en puré

sal y pimienta molida

300 g de queso de oveja (feta)

4 panecillos grandes (de pan francés,
pan de Viena o de chapata, al gusto).

1 Lavar y cortar a lo largo todos los pimientos. Eliminar los rabos y las pieles blancas del interior, con las semillas (si queda alguna, se enjuaga bien el pimiento bajo el grifo). A continuación se cortan en tiras de 1 cm de ancho. Se pelan las cebollas, se parten y se cortan en tiras del mismo grosor que los pimientos.

2 Calentar en una cazuela 2 cucharadas de aceite. Pochar ligeramente la cebolla mezclada con el tomillo (el seco se habrá desmenuzado previamente con los dedos). Añadir el pimiento y freír brevemente. A continuación añadir el puré de tomate y una cucharada de agua. Salpimentar. Tapar y dejar que cueza a fuego lento unos 8 minutos, hasta que el pimiento esté un poco blando. Remover de vez en cuando. Si se seca, añadir 1 o 2 cucharadas de agua. Cuando esté hecho, dejar que se enfríe un poco.

3 Encender el gratinador superior del horno. Cortar el queso de oveja en 12 rebanadas del mismo grosor, que se colocarán en una fuente para el horno. Rociar el queso con el aceite restante. Colocar la fuente con el queso debajo del gratinador (a unos 10 cm de distancia) y gratinar durante 5 minutos, hasta que se tueste.

4 Abrir los panecillos y distribuir la masa de pimiento frita en la mitad inferior. Colocar por encima el queso caliente y tapar con la otra mitad. Se ha de servir inmediatamente.

Tiempo que hay que invertir: 30 minutos
Calorías por ración: 430

Le recomendamos...
El pisto de pimiento también se puede hacer con otras clases de pan, aparte de panecillos. Se puede usar pan blanco o moreno cortado en rebanadas. Se recubren con el pimiento y el queso, y se comen inmediatamente.

Pan de ajo y ensalada cruda
Para picar

Para 4 raciones, como acompañamiento a una buena copa de vino:

1/2 pimiento amarillo o rojo

1 trozo de pepino (unos 150 g)

200 g de tomates

6 hojas de lechuga romana u otra lechuga de hoja grande

150 g de queso gouda curado o queso de cabra curado

2 cucharaditas de zumo de limón

1 cucharadas de aceite de oliva

sal y pimienta molida

1/2 barra de pan

de 8 a 10 dientes de ajo

3 cucharadas de mantequilla

1 Lavar la lechuga y el resto de la verdura. Eliminar las pieles blancas interiores y las semillas del pimiento. Pelar el pepino y cortarlo a lo largo. A continuación cortar el ombligo de los tomates y eliminar las partes mustias de la lechuga. Trocear todo bien y colocar en una fuente.

2 Se le quita la corteza al queso y se corta en daditos pequeños que se ponen también en la fuente. Añadir zumo de limón, aceite de oliva, sal y pimienta. Remover bien. Se prueba la ensalada cruda y se corrige de pimienta, en caso necesario.

3 Calentar el horno a 220 grados (si es un horno con ventilador, 200 grados). Se abre la barra de pan por la mitad y se parte cada mitad en dos. Se coloca el pan en la fuente del horno.

4 Pelar y machacar el ajo en el mortero. Se añade la mantequilla, un poco de sal y se machaca todo bien hasta formar una pasta con la que se untan los trozos de pan.

5 El pan se mete en el centro del horno durante unos 5 minutos, hasta que se dora. Se saca, se recubre con la ensalada cruda y está listo para comer.

Tiempo que hay que invertir: 25 minutos
Calorías por ración: 360

Le recomendamos...
La ensalada cruda se puede enriquecer con queso de oveja. Y además se pueden incluir otros ingredientes, con tal de que sean siempre bien picantes. Se pueden usar igualmente rabanitos, endibias, rúcula u oruga, o lechuga rizada (batavia).

Variación:

Pan de ajo con tomate y *mozzarella*
Lavar y limpiar 300 g de tomates, quitando los ombligos. Partirlos en daditos. Trocear también 2 bolas de *mozzarella* (unos 250 g) y mezclarlas con los tomates, con 1/2 manojito de albahaca picada y 1 cucharada de aceite de oliva. Salpimentar y colocar sobre los panes con ajo recién salidos del horno.

Bocadillo de escalibada

Jugando a la cocina catalana

Para 4 raciones:

400 g de hortalizas variadas (p. ej., calabacín, zanahoria, y pimientos)

sal y pimienta molida

2 cucharadas de aceite de oliva

medio limón sin tratar

5 cucharadas de mayonesa de bote

3 cucharadas de nata

unas hojitas de albahaca

2 dientes de ajo, 4 panecillos

1 Lavar y limpiar las hortalizas. Los calabacines se cortan en rodajas, las zanahorias se cortan a tiras y el pimiento a tirillas finas a lo largo o a lo ancho. Se salpimienta todo, se rocía con aceite y se coloca en una fuente para el horno. Se enciende el gratinador y se deja que las hortalizas se doren durante unos 8 minutos (a unos 10 cm de distancia del gratinador, para que no se quemen).

2 Mientras tanto, se lava con agua caliente el medio limón, se ralla la piel y se exprime el zumo. Se mezcla la mayonesa con la nata y la cáscara de limón. Picar la albahaca, pelar

y machacar el ajo, y mezclarlo todo bien. Condimentar la mayonesa con sal, pimienta y zumo de limón.

3 Cortar los panecillos en dos mitades. Untar una de las rebanadas del pan con la mayonesa y a continuación cubrir con la escalibada. Rociar las hortalizas asadas con el resto de la mayonesa y tapar con la otra rebanada. Se come caliente.

Tiempo que hay que invertir: 25 minutos
Calorías por ración: 370

Le recomendamos...

Hortalizas de la estación: en primavera, la escalibada se puede hacer con espárragos verdes, cebolletas y colinabos. En verano, berenjenas, calabacines y tomates cherry. En otoño, calabaza, setas y cebollas. Y en invierno, cebollinos y nabos.

Pan con endibias fritas

Un plato nórdico

Para 4 refrigerios muy sanos:

entre 2 y 4 troncos de endibias (unos 400 g)

250 g de tofu ahumado (puro o con setas, de venta en tiendas de dietética y grandes supermercados)

2 cucharaditas de mostaza picante

2 1/2 cucharadas de nata agria o yogur sin azúcar

1 1/2 cucharadas de mayonesa de bote

sal y pimienta molida

2 cucharadas de aceite de oliva

2 cucharaditas de zumo de limón

4 rebanadas grandes de pan moreno o pan integral

un puñadito de berros

1 Eliminar las hojas mustias de las endibias, lavar los tallos y trocear a lo largo. Eliminar los troncos gruesos. Escurrir el tofu y cortarlo en rodajas. Mezclar la mostaza, la nata agria y la mayonesa. Añadir sal y pimienta.

2 Calentar el aceite en una sartén. Colocar en ella las endibias y freírlas con el fuego no muy alto durante unos 8 minutos, hasta que estén bien doradas y tiernas. Se les va dando la vuelta. Salpimentar y rociar con el zumo de limón.

3 Colocar el pan en platos, untar con la crema de mostaza y recubrir con las lonchas de tofu. Añadir las endibias y adornar con el berro cortado y espolvoreado por encima. Se come antes de que se enfríe.

Tiempo que hay que invertir: 20 minutos
Calorías por ración: 295

Pan con cebollas al caramelo

Un plato mediterráneo poco conocido

Para 4 sabrosas raciones:

1 puñado de rúcula u oruga

2–3 tomates no muy maduros (la cantidad depende del tamaño)

4 cebollas rojas

4 ramitos de tomillo

3 cucharadas de aceite de oliva

1/2 cucharada de azúcar

sal y pimienta molida

1/2 cucharada de vinagre balsámico

4 rebanadas grandes de pan blanco o pan integral

1 trozo de queso parmesano (unos 50 g)

1 Eliminar todas las hojas mustias de la ruqueta y cortar los tallos más gruesos. Lavar la rúcula y sacudirla para que suelte el agua. Lavar los tomates y cortar en rodajas muy pequeñas. Eliminar el ombligo. Pelar y cuartear las cebollas. Lavar el tomillo y sacudirlo para que escurra.

2 Calentar en una sartén 2 cucharadas soperas de aceite. Añadir la cebolla y el tomillo y freír durante 3 o 4 minutos, hasta que empiecen a dorarse. A continuación poner a fuego lento.

3 Espolvorear la cebolla con el azúcar y seguir friendo durante 1 o 2 minutos, hasta que se derrita el azúcar y las cebollas estén caramelizadas. Remover constantemente. Retirar la sartén del fuego y salpimentar la cebolla. Batir el vinagre balsámico con el resto del aceite hasta que adquiera una consistencia cremosa.

4 Repartir las rebanadas de pan en platos, recubrir con rúcula y con tomate, y salpimentar ligeramente. Repartir por encima la cebolla caramelizada. Sacar virutas finas del bloque de parmesano y recubrir con ellas la cebolla. Rociar todo con la mezcla de vinagre balsámico y aceite, y degustar mientras aún esté caliente.

Tiempo que hay que invertir: 25 minutos
Calorías por ración: 265

Le recomendamos...

En lugar de emplear cebollas rojas normales se pueden usar también cebolletas rojas tiernas. También se pueden usar cebollinos. Y para darle un toque exótico al plato, se pueden sustituir los tomates por melón, melocotones o incluso por higos frescos.

Tostadas al queso

La pasión inglesa

Ingredientes para 4 raciones pequeñas:

200 g de queso duro curado (gouda, queso montañés, cheddar, pecorino o manchego)

60 ml de cerveza, vino, sidra o caldo de verduras

3 cucharaditas de mostaza picante

sal y pimienta molida

8 rebanadas de pan de molde (blanco o integral)

1 Calentar el horno a 250 grados (si es un horno con ventilador, 220 grados). Eliminar la corteza del queso, rallarlo o cortarlo en daditos pequeños. Calentar el caldo (vino, sidra o cerveza) en una cazuela. Añadir el queso y dejar que se funda a fuego lento. Añadir la mostaza, salar un poco el queso y condimentar bien con pimienta.

2 Colocar el pan de molde en la bandeja del horno y untar con la pasta de queso. Dorar durante 4 o 5 minutos.

Tiempo que hay que invertir: 20 minutos
Para acompañar se toma: ensalada mixta
Calorías por ración: 295

Panes con coliflor marinada

En la línea de la *bruschetta*

Para 4 raciones, como acompañamiento o como refrigerio:

150 g de cogollitos de coliflor, sal

2 cucharadas de avellanas

entre 6 y 8 tomates pelados de lata

1/4 de manojo de albahaca

1 cucharadas de zumo de limón

pimienta molida

2 cucharadas de aceite de sabor neutro

1 cucharada de aceite de avellana u otro tipo de aceite aromático especial

8 rebanadas de pan blanco o

12 rebanadas de pan integral de barra

1 Colocar los cogollitos de coliflor en un colador y enjuagarlos con agua fría. Ponerlos a hervir en una cazuela con agua y sal, y dejar que se hagan durante unos seis minutos. Cuando estén listos (no muy duros, pero tampoco blandos), echarlos en un colador, enjuagarlos con agua fría y dejarlos escurrir.

2 Las avellanas se pueden cortar en láminas con el cuchillo, o machacar en el mortero en trozos no muy pequeños. A continuación se tuestan en una sartén sin grasa, hasta que empiezan a desprender su aroma. Se sacan y se dejan enfriar en un plato. Los tomates se escurren y se cortan en tiras finas. Separar las hojas de hierbabuena y picarlas bien.

3 Se mezclan el zumo de limón, la sal, la pimienta y las dos clases de aceite. Se añaden las avellanas, la albahaca, los tomates y la coliflor, y se deja todo macerar durante al menos 1 hora. Se puede dejar también macerar toda la noche, pero entonces la albahaca se añadirá después.

4 Antes de comer se tuestan las rebanadas de pan, o bien en el horno a 250 grados (220 grados si es un horno de ventilación) durante 4 o 5 minutos, o bien en la tostadora. La coliflor macerada se remueve bien y a continuación se coloca sobre el pan. Se sirve inmediatamente.

Tiempo que hay que invertir: 35 minutos (más al menos 1 hora de tiempo de maceración para la coliflor)
Calorías por ración: 310

Le recomendamos...

Puede hacer un revuelto con 1 cucharada de alcaparras, 1/4 de manojo de perejil (todo bien picado), 1 1/2 cucharadas de zumo de limón y 3 cucharadas de aceite de oliva. Salpimentar y añadir a la coliflor. Se deja marinar durante al menos 1 hora.

Pan con queso y ensalada de rábano

En invierno y en verano

Ingredientes para 4 meriendas:

1 pedazo de rábano, blanco o rojo (de unos 250 g)

2 cucharadas soperas de ajonjolí

2 cucharadas de vinagre blanco de arroz

entre 1/2 y 1 cucharadita de *wasabi* (crema japonesa de rábano picante verde que se vende en tubo en comercios orientales y en grandes supermercados)

1 o 1/2 cucharada de aceite de sabor neutro

3 cucharadas soperas de aceite de ajonjolí

sal

1 pizca de azúcar

entre 4 y 8 rebanadas de pan integral (dependerá del tamaño de la rebanada)

150 g de queso fresco graso

1 manojo de berros

1 Pelar el rábano y cortarlo en rodajas finas. A continuación cortar las rodajas en tiras. Tostar el ajonjolí en una sartén sin grasa; cuando esté tostado, picarlo bien en el mortero.

2 Mezclar el vinagre con la crema de *wasabi*. Hacer una pasta con los dos tipos de aceite y el ajonjolí. Condimentarla con sal y azúcar, y añadir al rábano cortado. Probar de sal y vinagre y, en caso necesario, corregir.

3 Untar el pan con el queso fresco y colocar encima el rábano aderezado. Cortar los berros y rociar sobre el pan con rábano.

Tiempo que hay que invertir: 20 minutos
Calorías por ración: 380

Le recomendamos...
Si no se dispone de rábano fresco, la misma ensalada se puede preparar con rabanitos picantes o con colinabo tierno.

Tostaditas con tomate asado a las finas hierbas
Para quedar bien

Ingredientes para 4 entrantes o
para 8 aperitivos:

12 tomates cherry

2 dientes de ajo

1 cucharadas de piñones

2 cucharadas de parmesano

5 cucharadas de aceite de oliva

sal y pimienta molida

1/2 manojo de perejil y 1/2 de albahaca

2 cebollas tiernas

12 rebanadas de pan de chapata o pan blanco de barra

1 Calentar el horno a 225 grados (si es un horno con ventilador, 200 grados). Lavar y partir los tomates y colocarlos en una fuente para el horno. Pelar el ajo y partirlo en dos o tres pedazos. Junto con los piñones, colocar en el mortero y machacarlo todo en trozos grandes. Añadir el queso y 1 cucharada de aceite de oliva.

2 Salpimentar los tomates y rociarlos con la mezcla de queso y ajo del mortero. Meterlos en el centro del horno durante unos 12 minutos.

3 Mientras se hacen, enjuagar el perejil y la albahaca y sacudir para que escurran. Separar las hojas y picarlas bien. Lavar las cebollas tiernas, eliminar las raicillas y las partes verdes, y picar bien el resto. Mezclar las cebollas con las finas hierbas y con el resto del aceite de oliva. Salpimentar.

4 Durante los últimos 5 minutos, colocar las rebanadas de pan en el horno junto a la fuente de los tomates. Sacar con cuidado el pan del horno y colocarlo en una fuente. Con la cuchara, colocar sobre el pan la mezcla de hierbas; a continuación cubrir cada rebanada de pan con 2 medios tomates. Se come antes de que se enfríe.

Tiempo que hay que invertir: 25 minutos
Para acompañar se toma: un tinto fuerte.
Para convertirlo en una comida ligera se puede acompañar de una ensalada de rúcula.
Calorías por ración: 315

Le recomendamos...
En lugar de usar tomates, partir por la mitad quesos pequeños de cabra, untar con aceite de oliva y gratinar brevemente en el horno. Después se colocan sobre el pan y se sirven.

Combinado de patata

Pega con todo

Ingredientes para 4 meriendas:

200 g de patatas (que no se deshagan)

1 cebolla roja pequeña

50 g de queso de oveja (feta)

1/4 de manojito de perejil

150 g de *quark* (requesón)

2 o 3 cucharadas de nata agria o yogur sin azúcar

sal y pimienta molida

1 cucharadita de pimentón dulce

1 Lavar las patatas y ponerlas a hervir con piel en una cazuela con agua durante 20 o 30 minutos. Escurrir el agua y dejar que se enfríen.

2 Pelar la cebolla y cortarla en dados muy pequeños. Picar el queso de oveja en trozos muy pequeños. Lavar el perejil y sacudirlo para quitarle el agua. Picar las hojas.

3 Pelar las patatas y picarlas bien con un cuchillo grande. Mezclar el *quark* y la nata en una fuente. Añadir las patatas, la cebolla, el queso y el perejil. Condimentar el combinado con sal, pimienta y pimentón.

Tiempo que hay que invertir: 15 minutos (y unos 30 minutos para cocer las patatas)
Para acompañar se toma: un pan moreno, pan del campo de corteza dura o pan de payés.
Calorías por ración: 110

Sugerencia:

Para conservar el combinado de patata durante uno o dos días conviene no mezclar directamente la cebolla, sino espolvorearla por encima antes de comer. De lo contrario, el sabor de la cebolla se impondrá al resto de los ingredientes.

Crema picante de lentejas

Simplemente sencilla, simplemente buena

Ingredientes para 4 raciones, para untar en el pan:

150 g de lentejas de bote

2 dientes de ajo, 1/2 pimiento rojo

2 guindillas rojas

unos tallos de albahaca

4 cucharadas de aceite de oliva

1/2 cucharada de zumo de limón

sal, 1 medida de miel

1 Colocar las lentejas en una cazuela. Pelar el ajo, partir los dientes por la mitad y poner con las lentejas. Añadir 350 ml de agua y poner a hervir. Tapar y dejar cocer a fuego lento durante unos 20 minutos, hasta que estén tan blandas que casi se deshagan. Controlar de vez en cuando para que no se queden demasiado secas. En caso necesario, añadir agua. Dejar enfriar.

2 Lavar y partir los pimientos y las guindillas. Sacar las pieles interiores y las semillas de los pimientos. Cortar el rabo de las guindillas y quitar también las semillas. Picarlo todo, pimientos y guindillas, en trocitos muy pequeños. Picar también las hojas de albahaca en trocitos pequeños.

3 Con la batidora de mano o eléctrica, hacer un puré con las lentejas frías y el aceite. A este puré se añade la mezcla de pimiento y guindilla y la albahaca. Condimentar esta crema con zumo de limón, sal y miel.

Tiempo que hay que invertir: 30 minutos (sin contar el tiempo de enfriado)
Para acompañar se toma: pan de pita o panecillos integrales.
Calorías por ración: 215

Le recomendamos...

El puré se puede hacer sustituyendo las lentejas por judías blancas o garbanzos de bote.

Crema de berenjenas

Ideal para untar en pan blanco

Para 4 raciones, como aperitivo:

1 berenjena (aproximadamente 400 g)

1/2 manojito de perejil, 2 dientes de ajo

4 tomates pelados de lata

2 cucharadas de aceitunas verdes

1 cucharada de alcaparras

4 cucharadas de aceite de oliva

1 cucharadas de zumo de limón

50 g de *ricotta, quark* (requesón) o *crème fraîche*

sal y pimienta molida, pimienta cayena

1 Calentar el horno a 250 grados (si es un horno con ventilador, 220 grados). La berenjena se lava y se le corta el rabo. Sin pelarla, se pincha varias veces por toda su superficie con un palillo o una aguja de cocina. Se coloca en la bandeja del horno y se asa a temperatura media durante aproximadamente 30 minutos, hasta que la piel está oscura y la carne está blanda (se comprueba pinchando con un cuchillo).

2 Lavar y escurrir el perejil. Eliminar los tallos y picar las hojas. Picar el ajo y mez-

clarlo con el perejil. Los tomates se trocean en dados pequeños. Se deshuesan las olivas y la pulpa se mezcla con las alcaparras. Se pica todo en trozos grandes.

3 Dejar que la berenjena se enfríe lo suficiente como para poder cogerla con las manos. Se corta a lo largo y se le saca la pulpa con una cuchara. Con la batidora se hace un puré con la pulpa de la berenjena, el aceite de oliva y el zumo de limón.

4 A la crema se le añaden los ingredientes que se habían picado antes, junto con la *ricotta* (o sus sustitutos). La crema se condimenta con sal, pimienta o pimienta cayena.

Tiempo que hay que invertir: 50 minutos (trabajo activo, sólo 20 minutos)
Para acompañar se toma: pan de pita o chapata y unos tomates cherry
Calorías por ración: 165

Crema de zanahorias

Mucho sabor por poco dinero

Para 4 raciones, como aperitivo:

400 g de zanahorias, sal

50g de aceitunas verdes, 2 cebollinos

1 cucharadita de *harissa* (crema de guindillas marroquí)

1 cucharada de zumo de limón

20 g de ajonjolí

2 cucharaditas de sal gorda

1 Pelar las zanahorias y cortarlas en dados grandes. Poner los dados a hervir en una cazuela con un poco de agua con sal. Tapar la cazuela y dejar hervir la zanahoria con la llama no muy alta entre 10 y 12 minutos. Deshuesar las aceitunas. Lavar las cebollas, limpiarlas y picarlas bien junto con las aceitunas. Escurrir las zanahorias y dejar que se enfríen un poco. Hacer un puré con las zanahorias, la mezcla de aceitunas y cebollas, la *harissa* y el zumo de limón. Condimentar con sal.

2 Tostar el ajonjolí en una sartén sin aceite, sin dejar de remover. Cuando esté tostado, se saca. A continuación se tuesta en la misma sartén durante 1 o 2 minutos la sal gorda. Se ponen el ajonjolí y la sal en la picadora y se mezclan bien. Con esa mezcla se sal de ajonjolí se rocían los panes cubiertos de crema de zanahoria.

Tiempo que hay que invertir: 30 minutos
Para acompañar se toma: pan de pita o pan moreno
Calorías por ración: 65

Llegó la hora de
las combinaciones.
Primero, la base:

Ensalada variada
Refrescante... y
algo más

Ingredientes para 4 ensaladas abundantes:

250 g de lechuga (lo mejor es combinar
diversas clases : romana, endibias, lechuga,
achicoria, rúcula, ensalada del canónigo...)

250 g de hortalizas para ensalada (p. ej., tomates, pimientos, colinabo, zanahorias, rábano,
pepino, champiñones, apio, cebollinos...)

3 cucharadas de vinagre balsámico

sal y pimienta molida

1/2 cucharadita de miel, jarabe de alerce o
azúcar

6 o 7 cucharadas de aceite de oliva

unas hojas de finas hierbas para espolvorear

1 Lavar las lechugas, eliminar los tallos más
gruesos, escurrir y cortar en trozos grandes.
Lavar el resto de los ingredientes, limpiar o
pelar (según sea necesario) y cortar en
dados o en tiras.

2 Mezclar el vinagre balsámico con sal,
pimienta y miel (o sus sustitutos). Añadir a
esta mezcla el aceite poco a poco, batiéndolo bien con un tenedor hasta obtener una
salsa cremosa. Con esta salsa se aderezan los
ingredientes de la ensalada. Condimentar al
gusto y adornar con las finas hierbas picadas.

Tiempo que hay que invertir: 20 minutos
Para acompañar se toma: excepto para una
de las recetas de la derecha, siempre pan
tierno
Calorías por ración: 165

Y unos acompañamientos
estelares:

Setas rehogadas
con calabaza
Simplemente otoñal

Ingredientes para acompañar 4 raciones de
ensalada:

1 trozo de calabaza (unos 300 g)

300 g de setas o níscalos

3 cucharadas de aceite de oliva

4 cucharadas de zumo de naranja

media cucharada de zumo de limón

sal y pimienta molida

1 Eliminar las pepitas y la fibra de la calabaza. Pelar la calabaza y cortarla en rodajas
de medio centímetro de grosor. Limpiar bien
las setas frotándolas con papel de cocina y
cortar las partes leñosas del pie. A continuación las setas se cortan en tiras anchas.

2 Calentar el aceite de oliva en una sartén.
Poner la calabaza en la sartén y freír durante
1 o 2 minutos con el fuego fuerte. Añadir
las setas y seguir friendo durante otros
4 o 5 minutos, hasta que las setas están
bien doradas. Remover constantemente
para que todo se dore bien y no se pegue.
Cuando esté todo bien dorado, añadir a
la sartén el zumo de naranja y el de limón.
Salpimentar.

3 Repartir la ensalada (receta de la
izquierda) en el plato. Colocar sobre
la ensalada las setas con calabaza.
Se sirve caliente.

Tiempo que hay que invertir: 15 minutos
Para acompañar se toma: panecillos
integrales
Calorías por ración: 110

Le recomendamos...
Preparar el doble de cantidad y comerlo sin
ensalada, como guarnición con unas patatas
gratinadas, por ejemplo.

Tofu frito con jengibre
Picante y sabroso

Ingredientes para acompañar 4 raciones de ensalada:

400 g de tofu

1 pedazo de jengibre fresco (de unos 2 cm)

1 trozo de cáscara de limón sin tratar

1 cucharada de aceite de ajonjolí

o aceite de oliva

sal, guindilla en polvo

3 cucharadas de aceite de sabor neutro

1 Cortar el tofu en dados de 1 cm. Pelar el jengibre. La mitad se pica en trocitos muy pequeños; con la otra mitad se hacen dados grandes que se machacan en el mortero. La cáscara de limón también se pica muy bien.

2 Se mezcla todo el jengibre (el picado y el machacado) con la cáscara de limón y el aceite de ajonjolí. Se condimenta con sal y guindilla en polvo. Añadir los dados de tofu y dejar reposar durante al menos 30 minutos (lo ideal es que repose varias horas).

3 Calentar el aceite de sabor neutro en una sartén. Freír el tofu en el aceite caliente, removiendo bien hasta que quede tostado.

4 Repartir la ensalada (receta de la izquierda) en el plato. Añadir el tofu y servir mientras aún esté caliente.

Tiempo que hay que invertir: 15 minutos (más el tiempo de reposo del tofu)
Para acompañar se toma: panecillos integrales
Calorías por ración: 185

Dátiles con queso de cabra gratinado
Un plato sencillo y refinado

Ingredientes para acompañar 4 raciones de ensalada:

150 g de dátiles carnosos

2 cucharadas de zumo de naranja

1 cucharadas de zumo de limón

1 cucharadita de miel

1/2 cucharadita de guindilla molida

4 quesos de cabra redondos (de un tipo que sea adecuado para gratinar)

1 cucharadas de aceite de oliva

1 Deshuesar los dátiles cortándolos a lo largo. Cortarlos en tiras. Poner a hervir el zumo de naranja y de limón con la miel, condimentar con guindilla molida y rociar los dátiles con este jugo. Reservar y dejar reposar hasta que la ensalada (receta de la izquierda) y el queso estén listos.

2 Encender el gratinador superior del horno. Colocar el queso de cabra en una fuente o en la bandeja del horno y rociar con aceite de oliva. Colocar el queso a unos 10 cm de distancia del gratinador y gratinar durante 3 o 4 minutos, hasta que esté un poco tostado.

3 Repartir la ensalada en los platos, colocar 1 quesito de cabra sobre cada lecho de ensalada y rociar con la salsa de dátiles.

Tiempo que hay que invertir: 20 minutos
Para acompañar se toma: pan de barra
Calorías por ración: 250

Sugerencia:
El queso de cabra para gratinar se puede comprar en cualquier supermercado. Si no hay bolas de queso individuales, se pueden cortar 2 rodajas de queso de cabra en rollo y se gratinan como se indica arriba.

Ensalada de brotes y peras

Una bomba... de vitaminas

Mejor que usarlos de lata, recomendamos comprar los brotes en una tienda de dietética o en un supermercado especializado. Así se podrán conseguir frescos y más variados.

Ingredientes para 4 comensales:

150 g de hojas de lechuga variadas (pueden usarse lechuga normal, endibias y rúcula u oruga)

50 g de brotes tiernos (p. ej., de alfalfa, de soja, de rábano o de nabo)

1 pera jugosa

1 1/2 cucharadita de mostaza picante

1 1/2 cucharadita de mostaza dulce

1 1/2 cucharada de vinagre

3 cucharadas de nata

3 cucharadas del aceite que se prefiera (oliva, girasol, o cualquier otro)

sal y pimienta molida

4 cucharadas de almendras peladas

1 cucharada de mantequilla

1 Separar, lavar y escurrir las hojas de la lechuga, quitando los troncos grandes. Cortar las hojas más grandes. Enjuagar los brotes con agua fría y dejarlos escurrir en un colador. Cuartear la pera a lo largo y sacarle las semillas. Pelar los trozos y cortarlos en rodajas.

2 Mezclar las dos mostazas con vinagre y nata. A continuación añadir el aceite batiendo bien. Salpimentar.

3 Partir las almendras por la mitad, a lo largo. Derretir la mantequilla en una sartén. Antes de que se tueste la mantequilla hay que freír las almendras a fuego no muy fuerte, hasta que se doren. Sin dejar de remover, retirar la sartén del fuego antes de que se quemen las almendras. Servir en platos la ensalada con los brotes y la pera, rociando con el aderezo y vertiendo las almendras tostadas por encima.

Tiempo que hay que invertir: 20 minutos
Para acompañar se toma: pan de barra (blanco o integral)
Calorías por ración: 240

Sugerencia:

Los más atrevidos pueden cultivar sus propios brotes en macetas, comprando las semillas en tiendas de productos biológicos o en jardinerías. Basta con seguir las instrucciones de los envases de semillas.

Ensalada con huevo pochado y pan

Entrante para acompañar una sopa o un postre

Ingredientes como entrante o

aperitivo para 4 personas:

250 g de hojas de lechuga (vale cualquier

tipo de lechuga o similar, desde la romana

hasta la rúcula u oruga)

1 manojo de cebollinos

5 cucharadas de vinagre de manzana

sal, 1 pizca de azúcar

5 cucharadas de aceite vegetal o de semillas

100 g de pan integral en rebanadas, o pan

integral de molde

2 dientes de ajo, 4 huevos

1 Separar, lavar y escurrir las hojas de la lechuga, quitando los troncos grandes. Picar un poco las hojas más grandes. A continuación enjuagar los cebollinos, escurrirlos y cortar en rebanadas pequeñas.

2 Mezclar 2 cucharadas de vinagre con sal y azúcar. Añadir 4 cucharadas de aceite batiendo bien con un tenedor.

48

3 Poner a hervir en una cazuela ancha 1 l de agua con 1 cucharada de sal y el resto del vinagre. Mientras hierve, cortar el pan en dados. Pelar el ajo y machacarlo en el mortero.

4 Cuando el agua empiece a hervir, empieza el trabajo de precisión: ir cascando los huevos uno a uno en un tazón o en un cucharón de sopa. Meter el huevo en el agua con mucho cuidado para que no se rompa. En el agua, usar una cuchara para recubrir la yema con la clara. No es fácil, pero hay que procurar que la clara no se desparrame. Poner a fuego lento y dejar hervir durante 4 minutos.

5 Mientras tanto, calentar el aceite en una sartén y freír en él los dados de pan a fuego no muy fuerte, hasta que se doren. Añadir el ajo machacado y salar ligeramente.

6 Repartir la ensalada en 4 platos, sacar los huevos con una espumadera y colocarlos sobre la ensalada. Rociar con dados de pan frito y servir inmediatamente.

Tiempo que hay que invertir: 20 minutos
Calorías por ración: 275

Sugerencia:

Los huevos pochados también están muy ricos con salsa de tomate, espinacas a la crema y patatas, en una sopa clara o incluso sobre una rebanada de pan integral con queso.

Ensalada de huevo y aguacate
Bien picante

Una comida ligera para 4 comensales:

1 cogollo de lechuga tierna (cualquier tipo de lechuga de hoja no muy grande)

4 huevos

300 g de tomates maduros

1 guindilla roja

1 cebolla roja

2 cucharadas de zumo de lima

sal, 1/2 cucharadita de azúcar

4 cucharadas de aceite de oliva

2 aguacates

unas hojitas de albahaca

1 Separar, lavar y escurrir las hojas de la lechuga, quitando los troncos grandes. Picar un poco las hojas más grandes.

2 Cocer los huevos durante 8 minutos. No han de quedar completamente duros. Mientras se cuecen, lavar y partir los tomates, extrayendo los ombligos. A continuación cortar los tomates en daditos.

3 Lavar las guindillas, cortar los rabos y abrirlas por la mitad. Extraer las semillas y picar bien el resto. Pelar las cebollas y cortarlas en daditos. Mezclar el zumo de lima con la sal y el azúcar. Añadir el aceite batiéndolo todo bien. Mezclar los tomates con las guindillas y la cebolla.

4 Cortar los aguacates por la mitad, hundiendo el cuchillo hasta el hueso. Separar las dos mitades y sacar el hueso con la punta del cuchillo. Los aguacates se pelan y se cortan en daditos.

5 Mezclar la lechuga con los aguacates, la albahaca y los tomates, y repartirlo todo en platos. Los huevos se escaldan, se pelan y se trocean. Los platos de ensalada se adornan con huevo y se salan ligeramente. Ya están listos para comer.

Tiempo que hay que invertir: 20 minutos
Para acompañar se toma: pan de pita
Calorías por ración: 440

Ensalada de tomate y cebolla

La ensalada más sencilla

Ingredientes para 4 raciones:

800 g de tomates (maduros y carnosos, que no estén blandos)

1 cebolla roja o blanca, o bien

1/2 manojo de cebollas tiernas

1 manojo de cebollinos

2 cucharadas de vinagre suave (p. ej., balsámico blanco, vinagre de jerez o vinagre de arroz)

sal y pimienta molida

1/2 cucharadita de azúcar

4 cucharadas de aceite de oliva o de un buen aceite vegetal

1 Lavar los tomates y extraer el ombligo con la punta del cuchillo. A continuación se cortan en rodajas o en dados.

2 Pelar y partir la cebolla a tiras finas. Si se usan cebollas tiernas, hay que eliminar las raíces y las partes más verdes del tallo antes de cortarlas en anillos muy delgados. Enjuagar los cebollinos, escurrirlos y cortar en rebanadas pequeñas.

3 Mezclar bien el vinagre con la sal, la pimienta y el azúcar (el azúcar sirve para neutralizar la acidez del tomate). Ahora se añade el aceite, batiendo bien con un tenedor o con la batidora de mano, hasta que la salsa queda cremosa.

4 Rociar la salsa sobre la mezcla de tomates y cebollas. Se prueba y se corrige de sabor, si fuera necesario. Lo mejor es comer la ensalada inmediatamente, porque es cuando mejor sabe.

Tiempo que hay que invertir: 15 minutos
Para acompañar se toma: platos gratinados al horno, hamburguesas vegetales, tortilla de patatas, arroz y muchas otras cosas
Calorías por ración: 110

Variantes de esta ensalada:

Ensalada de tomates con aceitunas y *mozzarella*

Lavar 800 g de tomates y cortar en rodajas. Eliminar el ombligo. Las rodajas de tomate se colocan sobre una fuente llana y se salpimientan ligeramente. Deshuesar 50 g de aceitunas negras y picar la pulpa. Cortar a tiras las hojas de 1/2 manojo de albahaca. Hacer un aderezo para la ensalada con 2 cucharadas de vinagre balsámico, sal, pimienta, 1 cucharadita de miel, 4 cucharadas de aceite de oliva y la albahaca. Cortar en dados una bola de *mozzarella* (125 g) y colocar los dados sobre el tomate. Rociar con la salsa y las aceitunas. Se sirve como entrante o como acompañamiento.

Ensalada picante de tomates y aguacates

Lavar y cortar 400 g de tomates a daditos. Al cortar hay que eliminar los ombligos. Pelar 1 cebolla roja y 2 dientes de ajo, y cortarlos en daditos muy pequeños. Lavar 1 o 2 guindillas, cortar los rabos y picarlas muy bien. Lavar y sacudir bien 1/2 manojito de cilantro y picar en trozos pequeños. Partir dos aguacates por la mitad y sacarles los huesos. A continuación se pelan y se cortan en dados. Ahora se hace un aderezo con el jugo de 1 1/2 lima, 4 cucharadas de aceite de oliva, sal y 1 pellizco de azúcar, batiéndolo todo hasta que esté cremoso. El aderezo se rocía sobre los ingredientes de la ensalada y se condimenta todo al gusto. Se sirve en platos sobre un lecho de hojas de lechuga, y se toma como entrante o acompañamiento.

Ensalada de tomate con salsa de nueces y queso de oveja

Lavar 800 g de tomates y cortar en rodajas. Eliminar el ombligo. Enjuagar y escurrir 1/2 manojo de menta. Se arrancan las hojas, que se mezclan bien en el mortero con 1 puñado de nueces, 2 dientes de ajo pelados, 4 cucharadas de aceite de oliva y 2 cucharadas de zumo de limón. Este aderezo se diluye con un poco de caldo de verduras o agua, y se salpimienta. Se rompen en trozos no muy grandes 150 g de queso feta de oveja, y se reparten sobre las rodajas de tomate junto con unas hojas de menta. Se rocía todo con el aderezo y se sirve como entrante o como acompañamiento a unas hamburguesas vegetales o tortitas de verduras.

Ensalada india de tomate con yogur

Lavar y cortar 400 g de tomates a daditos. Eliminar los ombligos. Lavar 1 guindilla, quitar el rabo y cortarla en anillos. Pelar 1 diente de ajo y picarlo (o machacar en el mortero). Tostar en una sartén sin grasa durante 1 o 2 minutos 1 cucharadita de comino y otra de semillas de mostaza. Machacar todo bien en el mortero. Lavar y sacudir bien 1/2 manojito de menta y picar. Todos estos ingredientes se mezclan ahora con 300 g de yogur y se condimentan con sal y 1 o 2 cucharaditas de zumo de limón. Se sirve como acompañamiento para fritos de verduras, patatas al horno o pan de pita con verduras marinadas.

Ensalada de col y manzana

Una ensalada de invierno

Ingredientes para 4 guarniciones:

400 g de col blanca tierna

sal

2 manzanas ácidas

3 cucharadas de zumo de limón

3 cucharadas de aceite vegetal fino y otras

3 de aceite de semillas (p. ej., de girasol)

pimienta molida

1 pizca de comino molido

1/2 manojito de perejil

3 cucharadas de pipas de calabaza o

de girasol (sin cáscara)

1 Eliminar las hojas mustias de la col. La col se parte en 4 trozos. Se elimina el tronco leñoso y se corta el resto en tiras finas, que se ponen en una fuente, se espolvorean con 1 cucharadita de sal y se amasan durante 1 o 2 minutos. A continuación se dejan reposar durante unos 15 minutos.

2 En ese tiempo se parten las manzanas en 4 pedazos. Se quitan las semillas y se pelan.

Las manzanas se cortan a lo largo en rodajas de medio centímetro de ancho. Esas rodajas se vuelven a cortar en tiras de otro medio centímetro. En un bol se mezclan en zumo de limón, las dos clases de aceite, la pimienta y el comino, batiendo bien con un tenedor.

3 El perejil se lava y se escurre. A continuación se pica bien y se mezcla con las tiras de col y la manzana. Se rocía todo con el aliño de la ensalada. Se prueba y se corrige de sabor si fuera necesario. Se puede comer inmediatamente, pero queda mejor si se deja en el frigorífico durante un par de horas.

4 Antes de servir, se tuestan durante 1 o 2 minutos las pipas de calabaza o de girasol en una sartén sin grasa y se esparcen sobre la ensalada.

Tiempo que hay que invertir: 25 minutos (más el tiempo de reposo en el frigorífico)
Para acompañar se toma: verdura empanada, hamburguesas vegetales, tortitas vegetales o verdura al horno
Calorías por ración: 250

Le recomendamos...

Esta ensalada puede hacerse con otros tipos de col (col rizada, col lombarda) e incluso con coliflor tierna. La manzana se puede sustituir por peras verdes. Añadiendo un poco de cáscara de naranja rallada se consigue un punto más de aroma.

Ensalada de rábano y colinabo

Una ensalada para bocadillos

Ingredientes para 4 raciones pequeñas:

1 rábano pequeño (de unos 400 g)

1 colinabo

6 cucharadas soperas de ajonjolí

o aceite de oliva

1 cucharada de miso (véase la sugerencia)

2 cucharadas de zumo de limón

3 cucharadas de caldo de verduras

1 cucharadita de azúcar

sal, 1 manojo de cebollinos

250 g de tofu

1 cucharadas soperas de salsa de soja

2 cucharadas de aceite de sabor neutro

1 Pelar el rábano y el colinabo, y partirlos en rodajas finas. De las rodajas se cortan a continuación tiritas delgadas.

2 Tostar en una sartén sin grasa 2 cucharadas de ajonjolí. Cuando estén tostadas, se machacan en el mortero. A continuación se

mezclan con el miso, el zumo de limón, el caldo de verduras, el azúcar y 1 pellizco de sal. Con esta mezcla se rocían las tiritas de rábano y colinabo. Se prueba. Si fuera necesario, se puede añadir zumo de limón o más sal.

3 Enjuagar los cebollinos, escurrirlos y cortar en rebanaditas pequeñas. El tofu se corta en rodajas de 1 cm de grosor, y las rodajas se cortan en tiras. El tofu se rocía con la salsa de soja y se reboza con el resto del ajonjolí.

4 Calentar el aceite en una sartén y freír el tofu hasta que esté bien dorado. La ensalada se reparte en platos, se cubre con el tofu frito y se adorna con los cebollinos.

Tiempo que hay que invertir: 30 minutos
Para acompañar se toma: panecillos integrales
Calorías por ración: 260

Sugerencia:
El miso es una pasta japonesa de soja fermentada que se puede comprar en comercios asiáticos, en tiendas de alimentos biológicos y en grandes supermercados. Hay diversas clases, así que conviene saber que cuanto más oscura es la pasta, más picante resultará. Y como se suele vender en bolsas, se puede guardar, una vez abierto, en un frasco de cristal en el frigorífico. Así se puede mantener varios meses.

Rúcula con fresas
Puro aroma

Ingredientes para 4 originales entrantes:
250 g de fresas
1 cucharadita de azúcar
2 manojos grandes de rúcula u oruga
(unos 150 g)
2 cebollas tiernas
1 guindilla roja
2 cucharaditas de miel
2 cucharadas de vinagre balsámico blanco
u otro vinagre blanco suave
4 cucharadas de aceite de oliva
sal
un puñadito de berros o
unas hojitas de albahaca
2 cucharadas de piñones

1 Lavar y enjuagar bien las fresas. Eliminar las hojas y el rabo. Partirlas en trocitos grandes y ponerlas en una fuente con azúcar.

2 Eliminar todas las hojas mustias de la rúcula y cortar los tallos más gruesos. Lavarla y sacudirla para que suelte el agua.

Trocear un poco las hojas más grandes. Las que sean pequeñas se pueden dejar así.

3 Lavar y limpiar las cebollas tiernas, cortar las raíces y eliminar las partes verdes mustias. A continuación se cortan en anillos y se mezclan con la rúcula.

4 Lavar la guindilla y cortar el rabo. El resto se pica muy fino, hasta obtener casi una pulpa. Si se prefiere que la ensalada no quede muy picante, habrá que cortar la guindilla a lo largo y extraer todas las semillas. A la guindilla se le añade el vinagre balsámico y el aceite. Se bate todo bien y se añade sal.

5 Mezclar la rúcula, las cebolletas y las fresas con el jugo que hayan soltado las fresas. Cortar los berros. Los piñones se tuestan en una sartén sin grasa. Cuando estén tostados, se espolvorean sobre la ensalada, junto con los berros o la albahaca.

Tiempo que hay que invertir: 20 minutos
Para acompañar se toma: pan blanco
Calorías por ración: 190

Tomates asados con *ricotta*
Un entrante veraniego

Ingredientes para 4 entrantes:

400 g de tomates cherry

1 trozo de guindilla

1/2 manojito de perejil y 1/2 de albahaca

sal, 1 cucharadita rasa de azúcar

3 cucharadas de aceite de oliva

1 1/2 cucharaditas de almíbar de pera (también se pueden usar miel o jarabe de alerce)

3 cucharadita de vinagre balsámico

unas hojitas de hierbabuena para adornar

125 g de *ricotta* fresca y cremosa (se puede sustituir por un queso fresco de Burgos)

1 Los tomates se lavan, se parten por la mitad y se colocan en una fuente resistente al calor con la cara cortada hacia arriba.

2 Lavar la guindilla y sacar las semillas (si se quiere picante, se pueden dejar). Enjuagar y escurrir las finas hierbas. Las hojas se pican muy bien junto con la guindilla. Esta mezcla de hierbas y guindilla se condimenta con sal, azúcar y la mitad del aceite, y se rocía sobre los tomates.

3 Se enciende el gratinador del horno y se colocan los tomates a unos 10 cm de distancia del gratinador. Se gratinan durante 8 o 4 minutos, hasta que estén un poco tostados.

4 Mientras los tomates se gratinan, en un bol se prepara una salsa cremosa mezclando el almíbar de pera con el vinagre balsámico, un poco de sal y el resto del aceite. Las hojas de albahaca se lavan, se escurren, se parten con los dedos en trozos no muy grandes, y se colocan sobre una fuente llana o directamente sobre los platos. A continuación se ponen los tomates sobre la albahaca. Con una cucharilla de postre se sacan bolitas de *ricotta* o queso, y se colocan entre los trozos de tomate. Se rocía todo con la salsa de vinagre balsámico y se sirve.

Tiempo que hay que invertir: 25 minutos
Para acompañar se toma: pan de barra blanco o integral
Calorías por ración: 160

Le recomendamos...
En lugar de los tomates pueden emplearse rodajas de calabacín asado o una escalibada de calabacín y tiras de pimiento.
Los tomates sin *ricotta* son un excelente acompañamiento para las patatas gratinadas. Igualmente resultan sabrosos con pasta. En ese caso, se mezclan directamente con la pasta recién hecha y se espolvorean con queso parmesano.

Ensalada de melón y aguacate
Frescor tropical

Ingredientes para una comida ligera para 4 comensales:

medio melón (de unos 400 g)

2 o 3 aguacates (dependiendo del tamaño)

100 g de tomates cherry

1 manojo de cebollas tiernas

1 pedazo de jengibre fresco (de unos 2 o 3 cm)

1 manojo de berros

3 o 4 cucharadas de vinagre blanco de arroz

sal, 1/2 cucharada de *garam masala* o polvo de cinco especias

1 medida de *wasabi*, opcional (pasta japonesa de rábano picante, de tubo)

1 pizca de azúcar

4 cucharadas de aceite de sabor neutro

1 Tras eliminar las pepitas con una cuchara, el melón se pela y se corta a daditos. Los aguacates se cortan por la mitad, hundiendo el cuchillo hasta el hueso. Se abren, se saca

el hueso, se pela y se corta la pulpa también en dados. Lavar los tomates y partirlos en trozos más bien grandes.

2 Lavar y limpiar las cebollas tiernas, cortar las raíces y eliminar las partes verdes mustias. Las cebollas tiernas se cortan en anillos finos. El jengibre se pela y se corta en trocitos menudos. Los berros también se cortan.

3 Ahora se hace una mezcla con el vinagre, el jengibre, la sal, el *garam masala* o las especias. También se añaden la pasta *wasabi* y el azúcar, si se usan. A esta mezcla se añade el aceite batiendo con un tenedor.

4 Los trozos de melón, aguacate y tomate se mezclan con las cebollas tiernas y se rocían con la salsa. Se prueba y se corrige de sabor si fuera necesario. Se deposita sobre una bandeja y se espolvorean por encima los berros.

Tiempo que hay que invertir: 20 minutos
Para acompañar se toma: pan de pita
Calorías por ración: 390

Ensalada de calabaza con naranjas
Bienvenido el otoño

Ingredientes como entrante o aperitivo para 4 personas:
1 trozo de calabaza (unos 750 g)
100 g de rúcula u oruga, lechuga o espinacas tiernas
2 naranjas
8 tomates pelados de lata
1 guindilla roja
2 dientes de ajo
6 cucharadas de aceite de oliva
sal y pimienta molida
2 cucharadas de zumo de limón

1 Sacar las semillas y las fibras de la calabaza. Pelar la calabaza y cortarla en rodajas de medio centímetro de grosor. Partir las rodajas en varios pedazos, lo suficientemente grandes como para que se puedan comer bien.

2 Eliminar las hojas mustias de la lechuga, la rúcula o las espinacas y quitar los troncos que sean muy gruesos. Cortar los tallos duros de la lechuga. Lavar y escurrir bien las hojas.

3 Cortar las tapas superior e inferior de las naranjas. A continuación practicar incisiones verticales en la cáscara y eliminar tanto la cáscara como la piel blanca interior. Eliminar también las pieles interiores más gruesas. Recoger el zumo que se escape en un platito. Escurrir los tomates y cortarlos en rodajas. Lavar la guindilla, quitarle el rabo y las semillas, y picarla muy bien. Pelar el ajo y cortarlo en trozos muy pequeños.

4 Poner a calentar una sartén grande y calentar la mitad del aceite. Sofreír la calabaza entre 6 y 8 minutos, hasta que esté dorada, sin dejar de remover. Condimentar con sal y pimienta, rociar con el zumo de naranja recogido y dejar que se evapore.

5 Mezclar el zumo de limón con el resto del aceite, sal y pimienta. Añadir la guindilla y el ajo. Mezclar la rúcula, la lechuga o la espinaca con la naranja y los tomates. Añadir la mitad del aderezo de ensalada y servir en platos. Mezclar la calabaza con el resto del aderezo y servir caliente.

Tiempo que hay que invertir: 30 minutos
Para acompañar se toma: pan de barra (blanco o integral)
Calorías por ración: 270

Ensalada de verdura con nata a la mostaza

Una ensalada muy seria

Ingredientes para una comida ligera
para 4 comensales:

1 manojo de cebollas tiernas

4 zanahorias grandecitas

2 bulbos de hinojo, 300 g de brécol

2 tallos de endibias, sal

1 manojo grande de rúcula u oruga

Para la salsa de nata a la mostaza:

1 manojo grande de eneldo, 150 g de nata

1/2 cucharada de zumo de limón

1/2 cucharada de mostaza en grano

1 cucharadita de mostaza picante

1 cucharada de aceite de oliva, sal

1 Lavar y limpiar las hortalizas. Pelar las que tengan que pelarse. Cortar las raíces de las cebollas tiernas y eliminar las partes verdes mustias. A continuación partirlas a lo largo. Las zanahorias se cortan también a lo largo, en cuartos o en más trozos, dependiendo del grosor. Las que sean muy largas se parten también por la mitad.

2 El hinojo se corta en 8 pedazos y se elimina el tronco duro del bulbo. Se separan los cogollitos del brécol. Los tallos más gruesos se pelan y se cortan todos en rodajas. Las endibias se cortan a lo largo en 4 trozos. En una olla de boca ancha se pone a hervir agua con sal. Cuando hierva, se echa la verdura, se tapa y se lleva de nuevo a ebullición. Se deja que hierva durante unos 5 minutos a medio tapar.

3 Mientras tanto, enjuagar el eneldo, sacudirlo bien para que suelte el agua y picar las puntas. La nata se mezcla con el zumo de limón y las dos clases se mostaza. Cuando está todo mezclado, se añaden el aceite y el eneldo, se remueve bien y se sala.

4 Se saca la verdura de la olla, se pone en un colador, se deja escurrir y enfriar hasta que no queme. La rúcula se limpia, se lava y se sacude para que suelte el agua. Se coloca sobre una ensaladera plana. La verdura se reparte por encima, se rocía con la salsa de nata y se come mientras está aún caliente.

Tiempo que hay que invertir: 25 minutos
Para acompañar se toma: panecillos integrales o rosquillas saladas
Calorías por ración: 185

Sugerencia:

Se puede preparar con verdura de temporada. Si las verduras tienen distintos puntos de cocción, será mejor ponerlas a hervir por separado o echarlas una a una a la olla.

Judías verdes en ensalada de ajonjolí

Una ensalada con toque asiático

Ingredientes para 4 guarniciones o
4 entrantes:

500 g de judías verdes, sal

1 pedazo de jengibre fresco (de 1 o 2 cm)

2 dientes de ajo

1/2 de manojo de cilantro

el zumo de 1 lima

3 cucharadas de salsa de soja

1 cucharada de aceite de ajonjolí (se puede sustituir por aceite de oliva de buena calidad)

1 cucharadas de aceite de sabor neutro

3 cucharadas soperas de ajonjolí

1 Lavar las judías y cortar las puntas. Si aparecen hebras al cortar, hay que quitarlas. Las judías más largas se partirán por la mitad. Las más pequeñas se pueden dejar enteras. En una olla se pone a hervir 1/2 l de agua con sal y se echan en ella las judías. Cuando rompa a hervir, se tapa y se deja que hiervan entre 8 y 10 minutos. Transcurrido ese tiempo se prueba una judía. Si está dema-

siado dura, se deja unos minutos más, pero si ya no está dura, se sacan todas de la olla, se colocan en un colador y se enjuagan con agua fría. Dejar que escurran bien.

2 Mientras se enfrían un poco las judías se va preparando el resto de los ingredientes. Pelar el jengibre y los ajos, y cortarlos en trocitos muy pequeños. El cilantro se lava, se escurre y también se pica bien.

3 Mezclar el zumo de lima con la salsa de soja y el aceite de ajonjolí. Añadir el jengibre, el ajo y el cilantro. Aderezar las judías con esta salsa y, si fuera necesario, añadir sal. A continuación se coloca todo en una fuente.

4 Calentar el aceite neutro en una sartén. Freír las semillas de ajonjolí a fuego no muy alto hasta que estén doradas, sin dejar de remover. La ensalada de judías se rocía con el ajonjolí frito y se sirve.

Tiempo que hay que invertir: 35 minutos
Para acompañar se toma: pan de pita o tortas de maíz
Calorías por ración: 160

Sugerencia:
Esta ensalada se puede preparar con judías verdes planas o redondas. Si se usan las planas, habrá que partirlas en trocitos. Como detalle decorativo, los trozos se deberían cortar biselados, en lugar de rectos. Saben igual, pero quedan mucho más bonitos.

Ensalada de lentejas con piña
Una exótica combinación

Ingredientes para una comida ligera
para 4 comensales:
250 g de lenteja pequeña, 4 hojas de laurel
3 o 4 tallos de apio (tierno, con algunas hojas)
100 g de tomates cherry
1 lata de piña de lata (sin azúcar,
260 g peso seco)
1 cucharadita de comino
1 cucharadita de semillas de cilantro
4 cucharadas de zumo de limón
sal y pimienta molida
4 cucharadas de semillas de girasol
(sin cáscara), 2 cebollas tiernas

1 Las lentejas se ponen en una cazuela con agua (lo justo para cubrir) junto con el laurel, se tapan y se ponen a hervir. Cuando hierva el agua, se destapa la cazuela, se pone a fuego lento y se deja que se hagan entre 35 y 45 minutos. Se probará de vez en cuando para comprobar que no se blandean demasiado. Cuando estén listas, se escurren en un colador y se dejan enfriar.

2 Mientras se enfrían, lavar el apio, cortar las hojitas verdes y reservarlas. Cortar también las puntas del apio y sacar las hebras. Cortar el apio a tiras finas. Se lavan los tomates y se parten en 4 trozos. Escurrir la piña (reservar unas cucharadas de almíbar) y cortar en trozos.

3 En una sartén pequeña se tuestan el comino y el cilantro durante 1 o 2 minutos, sin dejar de remover. Una vez tostados, se machacan en el mortero. Se hace una mezcla con el contenido del mortero, zumo de limón, 1 cucharada del almíbar de la piña, sal y pimienta. Cuando esté mezclado, se añade aceite batiendo bien. Se mezclan las lentejas, el apio, los tomates y la piña, y se les añade la salsa. Salpimentar. Las cebollas se lavan y se cortan en anillos finos que se rocían sobre la ensalada. Se adorna con las hojitas de apio.

Tiempo que hay que invertir: 25 minutos
(y unos 45 minutos para que se hagan las lentejas)
Para acompañar se toma: pan chino (de venta en comercios asiáticos) o simplemente pan de pita (sabe muy bueno si se calienta previamente en el horno)
Calorías por ración: 355

Sugerencia:
Siempre que se pueda, habría que usar especias en grano, machacadas en el mortero y tostadas. Saben mucho mejor y no implican mucho trabajo adicional.

Ensalada de patatas y apio

Aprender a aderezar con curry

Ingredientes para 4 guarniciones
que llenan mucho:

500 g de patatas (que no se deshagan)

600 g de raíz de apio, sal

1/4 de l de caldo de verduras concentrado
(en cubitos)

2 cucharadas de aceite de sabor neutro

4 cucharadas de un vinagre blanco suave

2 cucharaditas de curry picante

100 g de nata

1/2 manojito de perejil

1 Las patatas se lavan bien y se ponen sin pelar en una olla. Se cubren con agua y se deja que se hagan durante unos 20 minutos, sin que se reblandezcan. Mientras se hacen las patatas, se pela y se limpia bien la raíz de apio. Se corta entonces en trozos grandes y se pone en una cazuela con un poco de agua y sal. Se pone a calentar y se deja cocer durante unos 25 minutos.

2 Se mezclan el concentrado de caldo con el aceite, el vinagre, el curry, la nata y un poco de sal.

3 Cuando estén hechas las patatas, se escurren y se deja que se enfríen un poco. El apio se pone a escurrir en un colador. Ahora se les quita la piel a las patatas. Se cortan en rodajas finas, igual que el apio. Se colocan en una fuente y se les añade la salsa preparada. Dejar enfriar.

4 El perejil se lava y se escurre. A continuación se pica. La ensalada de la fuente se remueve. Se le añade el perejil. Probar con una cucharita y ver si aún necesita sal o curry. Corregir de sabor, si fuera necesario y ya está lista para comer.

Tiempo que hay que invertir: 20 minutos
(y unos 30 minutos para cocer las patatas y el apio)
Para acompañar se toma: hamburguesas vegetarianas, rodajas de verdura empanada, queso a la plancha
Calorías por ración: 170

Le recomendamos...
Sustituir el apio por colinabo, aguaturma o topinambur o chirivías. Todos estos tubérculos se pelan, se cortan en trozos grandes y se preparan hirviéndolos en agua con sal.

Ensalada caliente de pasta y achicoria

Una ensalada en la sartén

Ingredientes para 4 raciones medianas:

1 achicoria (de unos 250 g)

1 cebolla roja

de 4 a 6 corazones de alcachofa (de frasco o de lata, la cantidad depende del tamaño)

100 g de tomates cherry

1 manojo de rúcula u oruga

300 g de pasta corta (macarrones o lazos)

sal, 6 cucharadas de aceite de oliva

2 cucharadas de vinagre balsámico

pimienta molida

1 trozo de queso parmesano (unos 50 g)

1 Eliminar las hojas mustias de la achicoria. Partirla por la mitad y cortar cada mitad en láminas de aproximadamente 1 cm de ancho. Pelar la cebolla y cortarla en tiras finas.

2 Escurrir los corazones de alcachofa y cortarlos en 4 o más trozos. Se lavan los tomates y se parten por la mitad. Eliminar todas

las hojas mustias de la rúcula y cortar los tallos más gruesos. A continuación se lava, se escurre y se pica en trozos grandes.

3 Se pone a hervir agua con sal en una olla. Cuando hierva, se echa la pasta y se cuece (destapada) hasta que esté *al dente* siguiendo las instrucciones del envase. (Antes de tirar el agua, no obstante, probar que, efectivamente, ya esté lista.)

4 Mientras se hace la pasta, calentar la mitad del aceite en una sartén y freír la achicoria y las tiras de cebolla durante 4 o 5 minutos, removiendo de vez en cuando. Rociar con el vinagre balsámico y salpimentar.

5 Escurrir la pasta en un colador. Ahora se mezcla la pasta con la achicoria, los corazones de alcachofa, los tomates, la rúcula y el resto del aceite de oliva. Salpimentar bien. A continuación se coloca todo en una fuente. Sacar virutas finas del bloque de parmesano y espolvorear con ellas la ensalada. Se sirve inmediatamente, sin dejar que se enfríe.

Tiempo que hay que invertir: 30 minutos
Para acompañar se toma: pan blanco
Calorías por ración: 495

Ensalada de bulgur y judías
Sinfonía de judías verdes y blancas

Como primer plato para 4 comensales:

100 g de judías blancas

400 ml de caldo de verduras, 200 g de bulgur

200 g de judías verdes, sal

1 colinabo, 1 pimiento rojo

6 cucharadas de aceite de oliva

pimienta molida

100 ml de zumo de naranja natural

4 cucharadas de vinagre balsámico blanco o zumo de limón

1 cucharilla de comino molido

1/4 de manojito de perejil

1 Las judías blancas se ponen en remojo la noche anterior. Al día siguiente se enjuagan y se ponen a hervir en una cazuela con agua limpia. Cuando hiervan, se tapan y se ponen a fuego lento durante aproximadamente hora y media, sin que se reblandezcan demasiado.

2 Calentar el caldo de verdura. El bulgur se pone en un bol, se cubre con el caldo y se deja en remojo durante una hora, hasta que los granos se hayan reblandecido.

3 Las judías verdes se lavan. Se cortan las puntas y se sacan las fibras. Se parten por la mitad y se ponen a hervir unos 8 minutos en agua y sal, hasta que estén tiernas. Se enjuagan en un colador con agua fría y se dejan escurrir.

4 Pelar el colinabo. Una vez pelado, se corta en rodajas de medio centímetro y, a continuación, las rodajas se cortan en tiras del mismo grosor. Se lava el pimiento y se parte por la mitad. Eliminar los rabos y las pieles blancas del interior, con las semillas, y cortar el pimiento a tiras finas.

5 Calentar 2 cucharadas de aceite en una sartén y freír durante 2 o 3 minutos el colinabo y el pimiento. Añadir las judías verdes y volver a freír otros 2 minutos, hasta que la verdura esté tierna y algo dorada. Salpimentar.

6 El zumo de naranja se mezcla con vinagre o zumo de limón, sal, pimienta y comino, y se añade el resto del aceite. Escurrir las judías y mezclar con el bulgur, la verdura y el aliño. Se puede dejar reposando 1 o 2 horas más. Corregir de sabor, si fuera necesario. Lavar el perejil, picar las hojas y adornar con ellas la ensalada.

Tiempo que hay que invertir: 40 minutos (+ 1 1/2 horas de tiempo de cocción para las judías)
Para acompañar se toma: pan de pita recién sacado del horno
Calorías por ración: 440

En la sartén

No solo de carne vive la sartén.

y en el wok

La sartén no vale únicamente para los bistecs. En un sentido amplio: los gozos de la fritura no están reservados para carnes y pescados, sino que también son posibles con vegetales. La corteza crujiente favorece igualmente a las verduras y en una base picada podemos incluir cereales o patatas. La relación de la patata y la sartén es una saga legendaria, en el caso de la cocina vegetariana, con héroes como las patatas fritas, la tortilla... Pero el mundo vegetariano es mucho más amplio: ¿Qué tal si experimentamos con los espárragos, por ejemplo?

La relación es aún más estrecha en el caso del wok, que tal vez permite obtener un sabor más puro e intenso de verduras y hortalizas. Esa es una de las razones de que en el clásico oriental la carne tienda a interpretar papeles secundarios. En Occidente no siempre ha sido así, pero vale la pena dar cancha a la creatividad: en un wok vegetariano podemos preparar maravillas con, pongamos, remolacha roja, acelgas o huevos.

Nuestro color favorito:
naranja zana- horia

Basta una palabra: betacaroteno. Esa es la sustancia que da su color a las zanahorias, el más conocido de los carotenoides, responsables del amarillo, el naranja y el rojo de casi todo el universo vegetal: desde los pimientos a los tomates (origen también de mucho verde oscuro; véase la página 36). Van de primera como defensa contra los radicales libres (que atacan a las células). Con el betacaroteno, nuestro cuerpo produce vitamina A, que tiene efectos positivos para los ojos, las piel, el cabello, el estómago y los nervios (aquí, con ayuda del azúcar). Es beneficioso en combinación con el aceite (en la sartén, si se quiere) y con una fuente de calor. Con piel también es más sano, si las zanahorias son tiernas y de cultivos biológicos.

Bebidas vegetarianas

Dulce-ácido-salado

Y picante. Y un poco amargo. Así sabe esta bebida vegetal, un batido que mezcla tres zumos de fruta y verdura con la gracia del jengibre y el aceite de oliva. El sabor del cóctel es incomparable.

Para 4 vasos vertimos en el batidor 300 ml de zumo de piña (dulce), 150 ml de zumo de manzana sin colar (ácido) y 150 ml de zumo de zanahoria (salado). Añadimos 1 cucharadita de jengibre finamente molido (picante) y agitamos hasta formar una buena capa de espuma. Con una licuadora podemos obtener el zumo con espuma. Pasamos a los vasos y rociamos con 1 cucharadita de aceite de oliva virgen extra. ¡Salud a raudales!

vegano?

Desde un punto de vista ético, hay quienes consideran insuficiente prescindir de la carne y los pescados. Quieren respetar el derecho de los animales a vivir en plena libertad y sin sufrimiento forzado, de modo que no toman huevos ni leche, no usan lana ni cuero, ni en general recurren a aquellos productos que requieren la cría industrial o la muerte de los animales. Se los suele denominar *veganos* (del inglés *vegan*, abreviatura de *vegetarian*). Están obligados a prestar mucha atención a la composición de lo que ingieren, para no sufrir carencias de proteínas, calcio o hierro. Pero no pueden evitar problemas con la vitamina B_{12} (página 113) y la alimentación de niños, ancianos, enfermos y embarazadas.

Toques caseros
Tofu

Dejamos en remojo toda la noche 450 g de semillas de soja de cultivo ecológico. Las colamos, añadimos 1,25 l de agua y preparamos un puré fino. Lo cocemos con 2,75 l agua durante 10 minutos, removiendo sin parar. Vertemos el resultado en un colador cubierto con un paño y tamizamos hasta obtener la mayor cantidad posible de leche de soja. Mezclamos 1 l de agua con el resto de las alubias y tamizamos de nuevo. Calentamos la leche de soja sin que hierva. Añadimos 1 cucharada de zumo de limón, removemos y dejamos reposar 3 minutos. Repetimos dos veces, con cuidado: 1 cucharada, 2 minutos de reposo; 1 cucharada más, 5 minutos de reposo. Vertemos en un colador cubierto con un paño, y presionamos durante 15–30 minutos con una tabla y varias latas. Se conserva fresco durante 5 días en agua (que debemos cambiar diariamente).

Del cajón de las verduras
La proteína

Estimada tía Marga:
¿Qué debo hacer con las proteínas? ¿Basta con tomar leche y huevos de vez en cuando? Pero entonces, ¿cómo lo hacen los vegetarianos estrictos? ¿Y con el calcio? **Luz (León)**

La tía Marga responde:
Como he dicho en otra parte, la carne nos aporta a veces un exceso de proteínas, o sea que una reducción no será mala. La leche, el yogur y el queso, y los huevos ayudan a los vegetarianos a mantener el nivel de proteínas (mientras no se consuman en demasía). Los *veganos* las obtienen a partir de las legumbres y los cereales, y especialmente a partir de la soja y sus derivados.

La particularidad de la soja es que contiene moléculas constituyentes de las proteínas, de las que nuestro cuerpo carece. Hay dieciséis de estas moléculas (o *aminoácidos)* que son fabricados por nuestro propio organismo; pero hay ocho (los *esenciales)* que deben ingerirse cada día por completo. El huevo, la carne y la soja son muy valiosos porque contienen los ocho aminoácidos esenciales. El valor nutritivo es menor cuando faltan algunos o no se pueden aprovechar todos, salvo en combinación. Hay combinaciones perfectas, como la del huevo y la patata (tortilla española), la leche y la miel (buena para la garganta) o el arroz con alubias (contundente, pero sano). Nunca sobra añadir frutos secos o semillas.

¿Y el calcio? Es necesario para los huesos y los dientes. Abunda en el huevo y la leche, y en menor cantidad en la soja y las nueces. Un aspecto práctico: quien ingiere menos proteínas puede aprovechar mejor el calcio.

Endibias empanadas con ensaladilla

Mucho sabor por poco dinero

Ingredientes para 4 comensales hambrientos:

6 endibias pequeñas (un total de 800 g)

300 ml de caldo de verduras

5 cucharadas de harina integral

2 huevos grandes

sal y pimienta molida

100 g de pan rallado

2 cucharadas de almendras molidas

4 o 5 cucharadas de mantequilla

rodajas de limón para decorar

Para la ensaladilla:

800 g de patatas (que no se deshagan)

4 cebolletas

3 cucharaditas de mostaza picante

2 cucharadas de vinagre suave

o zumo de limón

4 cucharadas de aceite de oliva

1/4 de l del caldo de hervir las endibias

sal y pimienta molida

1 o 2 cucharadas de alcaparras

1 Eliminar las hojas externas de las endibias. Lavar y cortar por la mitad, a lo largo. Poner a calentar el caldo de verdura en una cazuela de boca ancha. Cuando rompa a hervir, echar las endibias, tapar y dejar que se hagan durante unos 5 minutos. A continuación se sacan con una espumadera. Se reserva aproximadamente 1/4 de l de caldo para la ensaladilla.

2 Mientras se hacen las endibias se ponen al fuego las patatas cubiertas con agua en una olla tapada. Se deja que hiervan durante unos 20 minutos, cuidando que no se ablanden demasiado.

3 Las cebolletas se lavan y se cortan en anillos finos. Se mezclan la mostaza, el vinagre (o zumo de limón), el aceite y el caldo de las endibias. Salpimentar y añadir las alcaparras. A continuación se sacan de la olla las patatas hervida y se dejan enfriar un poco. Se les quita la piel y se cortan en rodajas finas. Se mezclan bien con las cebolletas y con el aliño de la ensalada. Probar si está bien de sabor; si falta algo, condimentar con más sal, pimienta o vinagre.

4 La ensaladilla se reserva hasta que estén listas las endibias. En un plato hondo se coloca la harina para empanar. Los huevos se cascan en un plato, se baten y se salpimientan. En un plato llano se ponen el pan rallado y las almendras, se mezclan bien y se les añade un poco de pimienta.

5 Las medias endibias se van empanando una a una: primero se untan en harina, luego se rebozan en el huevo y finalmente se pasan por el plato de pan rallado. Cuando están bien empanadas, se derrite la mantequilla en una sartén grande y se calienta. Ahí se fríen las endibias durante unos 5 minutos, hasta que están tostadas. Hay que darles la vuelta de vez en cuando. Se colocan en un plato grande o en una bandeja y se adornan con las rodajitas de limón. Se sirven inmediatamente con la ensaladilla.

Tiempo que hay que invertir: 1 hora
Calorías por ración: 550

Le recomendamos...

Casi todas las hortalizas se pueden empanar, siempre que los pedazos sean relativamente grandes y planos. Sabrosísimos empanados están la raíz de apio, el colinabo (hay que hervirlo previamente, cortado en rodajas de 1 cm de grosor), los níscalos (sin el pie y empanados en crudo), los tomates maduros (cortados en rodajas y empanados en crudo). Y con la masa de empanar también se puede jugar: se puede especiar bien, con comino, pimentón o cúrcuma. Se le pueden añadir copos de avena y frutos secos rallados. Además, añadiéndole a la mezcla cáscara de limón o de naranja se consigue más aroma.

Tortitas de verdura
Sabrosas recién hechas

Ingredientes para hacer felices a
4 fanáticos de la verdura:

800 g de verdura y hortalizas variadas
(p. ej., colinabo, zanahoria y calabacín)
sal, 1 manojo de cebollas tiernas
5 cucharadas de harina integral
1 huevo grande, pimienta molida
nuez moscada recién molida
4 cucharadas de mantequilla o aceite
para freír

Para la salsa:

1 manojo de eneldo, borraja o berros
medio limón sin tratar
2 cucharaditas de mostaza picante
400 g de nata para cocinar
2 cucharadas de nata dulce de repostería
sal y pimienta molida

1 Lavar y limpiar las hortalizas. A continuación se pasa todo por el rallador (manual o mecánico) hasta conseguir un puré no muy fino. Las cebollas tiernas se parten por la mitad a lo largo y se cortan en anillos finos. Se sala y se deja reposar durante 15 minutos.

2 Durante ese tiempo se lavan y se escurren las hierbas aromáticas para la salsa. Se separan las hojas de los tallos más gruesos y se pican bien. Lavar el medio limón con agua caliente y rallar la cáscara.

3 Se mezclan en un bol la mostaza y las dos clases de nata. Se les añaden las finas hierbas y la cáscara de limón, y se salpimienta todo.

4 Eliminar el líquido que se haya acumulado en el bol de la verdura y aplastar las verduras con las manos para que escurran bien. Mezclar la harina y el huevo con la verdura y condimentar con pimienta y nuez moscada.

5 En una sartén grande se calienta una parte de la mantequilla o el aceite. Con un cucharón se van depositando en la sartén caliente montoncitos de la masa de verdura, harina y huevo. Se aplastan un poco, se pone la sartén a fuego no muy alto y se fríen las tortitas durante 3 o 4 minutos por cada cara. A continuación se enciende el horno a 70 grados y se van depositando las tortitas allí dentro en un plato, para que no se enfríen. Cuando todas estén hechas, se sirven con la salsa.

Tiempo que hay que invertir: 50 minutos
Para acompañar se toma: pan y ensalada
Calorías por ración: 375

Fritada de patatas y verduras
Una buena combinación

Ingredientes para 4 comensales hambrientos:

800 g de patatas (que no se deshagan)

1 pimiento rojo y 1 verde

4 chalotas o cebollas rojas pequeñas

2 dientes de ajo

4 corazones alcachofa (de frasco o de bote)

100 g de tomates cherry

1 buen manojo de berros o 1 manojo de

rúcula u oruga o 1 puñado de albahaca

100 g de queso fresco

2 bolas de *mozzarella* (250 g)

4 cucharadas soperas de aceite de oliva, sal

1 Lavar las patatas y ponerlas en una olla. Cubrir con agua y hervir durante unos 15 minutos. Cuando estén blandas, tirar el agua y dejar que se enfríen un poco.

2 Los pimientos se lavan, se limpian y se cortan en tiras. Las chalotas o las cebollas rojas se pelan y se cortan en 4 trozos. El ajo se pela y se corta en rodajitas finas. Escurrir los corazones de alcachofa y cortarlos en 4 o

más trozos. Los tomates se lavan y parten por la mitad.

3 Enjuagar y escurrir los berros o la rúcula. Eliminar los tallos más gruesos (si se usa albahaca, separar las hojitas de los tallos). Picar bien estas hierbas y mezclar con el queso fresco en la picadora. Cortar la *mozzarella* en lonchitas finas. Pelar las patatas y cortarlas también en rodajas de 1 cm de grosor.

4 Calentar el aceite en una sartén o en un wok (es importante que tenga tapadera) y freír bien las patatas por ambos lados. Añadir el pimiento, las chalotas o las cebollas, el ajo y las alcachofas. Salar y dejar que todo se haga durante unos 5 minutos, hasta que los pimientos estén hechos.

5 Mezclar la crema de berros y los tomates, y salar. La mozzarella se reparte por encima. Se tapa y se deja durante unos 2 minutos, hasta que se haya derretido. Y ya está listo.

Tiempo que hay que invertir: 35 minutos
Para acompañar se toma: ensalada de rúcula con setas
Calorías por ración: 500

Le recomendamos...
Las patatas se pueden sustituir por batata (boniato), los pimientos por raíz de hinojo o por guisantes tiernos con cáscara, y en lugar de los berros se puede emplear borraja.

Torta de patata con col a la crema
Importante: las patatas se tienen que hervir el día anterior

Como primer plato para 2:

500 g de patatas (que no se deshagan)

unas ramitas de tomillo, sal y pimienta molida

2 cucharadas de mantequilla

Para la col a la crema:

1 trozo de col rizada (unos 300 g)

1 cebolla pequeña, 1 zanahoria pequeña

1 cucharada de aceite, 1 cucharadita de harina

1 vasito de caldo de verdura

100 g de nata o de *crème fraîche* (se puede

sustituir por un yogur natural sin azúcar)

sal y pimienta molida, 1/2 manojito de perejil

1 Lavar las patatas y ponerlas en una olla. Se cubren con agua y se hierven durante unos 20 minutos, sin dejar que se reblandezcan demasiado. A continuación se escurren y se reservan para el día siguiente. Tienen que reposar todo ese tiempo. Al día siguiente se pelan y se pasan por el rallador hasta obtener una masa no muy fina. El tomillo se lava,

se escurre y se pelan las hojas. Se mezcla con las patatas y se salpimienta.

2 Ahora se pone una sartén en el fuego y se derriten en ella 1 1/2 cucharadas de mantequilla. Se revuelve bien la patata rallada y se forma con las manos una torta plana. Se coloca la torta en la sartén, se tapa con un plato o una tapa y se deja a fuego lento durante 30 minutos, hasta que se haya formado una costra dorada.

3 Mientras se va haciendo, quitar las hojas exteriores de la col. La col se parte en 4 trozos. De cada uno de ellos se elimina el tronco. Primero se corta la col a tiras. Después se pican todas las tiras bien con un cuchillo grande. Pelar las cebollas y las zanahorias, y cortarlas en daditos.

4 Calentar el aceite en una cazuela y rehogar en él la cebolla y la zanahoria. Añadir la col y dejar que se fría todo durante 2 o 3 minutos. Espolvorear con harina y dejar que cuaje un poco. A continuación se echa el caldo en la cazuela, se tapa y se deja que cueza todo durante 10 o 20 minutos.

5 Ahora se le da la vuelta a la torta de patata usando un plato tortillero. Se vuelve a meter en la sartén, se añade el resto de la mantequilla y se deja que se haga durante otros 10 minutos, esta vez sin tapar.

6 Añadirle a la col la nata o su sustituto. Salpimentar. Enjuagar y escurrir el perejil.

Picar bien las hojas y añadir a la col. La torta de patata se corta en pedazos y se come acompañándola con la col.

Tiempo que hay que invertir: 1 hora (sin contar tiempos de enfriado y reposo)
Calorías por ración: 495

Sugerencia:
Si se quieren hacer tortas de patata para 4 personas, habrá que emplear doble cantidad de ingredientes y dos sartenes, ya que en una no caben más de 500 g de patatas.

Tortilla de patatas y verdura
Arte culinario mediterráneo

Como primer plato para 4 comensales:

300 g de patatas (que no se deshagan)

4 cucharadas de aceite de oliva

1 calabacín, 1 pimiento rojo, 2 zanahorias

1 manojo de cebollas tiernas

2 dientes de ajo

100 g de queso manchego

8 huevos grandes, sal y pimienta molida

1 Lavar, pelar y cortar las patatas en rodajas pequeños. Freírlas en una sartén con aceite, con el fuego no muy alto, durante unos 8 minutos. Remover frecuentemente para que no se peguen. Cuando estén hechas, se sacan.

2 Lavar y limpiar las hortalizas; pelar las zanahorias. El calabacín y la zanahoria se cortan en rodajas. El pimiento se hace tiras y las cebollas se cortan en anillos. Se calienta 1 cucharada de aceite y se fríen en él la zanahoria, el pimiento y el calabacín. Las cebollas tiernas se mezclan en crudo con las patatas y los ajos se pelan, se machacan y también se añaden.

3 Se le quita la corteza al queso y se corta en rodajas finas que también se añaden a la verdura. Se baten los huevos en un bol. Cuando están bien batidos, se les añaden las patatas, la verdura y el queso, se mezcla todo bien y se salpimienta.

4 Ahora se calienta el resto del aceite en una sartén. Cuando esté caliente, se vierte la masa de huevo y verduras, y se reparte bien. Se fríe a fuego lento durante unos 10 minutos. Cuando esté cuajada por debajo, se le da la vuelta con una tapadera o un plato tortillero y se deja que cuaje por el otro lado durante otros 10 minutos.

Tiempo que hay que invertir: 50 minutos
Para acompañar se toma: ensalada
Calorías por ración: 430

Apio frito con romero

Plato del norte, especias del sur

Ingredientes para 4 porciones (para enamorados del apio):

1 kg de raíz de apio, sal

4 ramitas de romero

2 dientes de ajo

4 cucharadas de aceite de oliva

40 g de viruta de almendras

pimienta molida

1 cucharada de mantequilla

1 Limpiar y pelar bien la raíz de apio. Se parte en 4 trozos que se ponen a hervir en una cazuela con agua y sal. Se deja cocer tapado a fuego no muy alto durante un cuarto de hora.

2 Eliminar el agua y dejar enfriar el apio lo suficiente para poder trabajar con él. Mientras se enfría, enjuagar y escurrir el romero. Sacar las hojas y eliminar los tallos. Pelar los ajos y cortarlos en rodajas delgadas. Ahora se corta el apio en rebanadas de aproximadamente 1 cm de grosor. Las rebanadas se cortarán en dados.

3 Calentar el aceite en una sartén. Freír las virutas de almendra hasta que adquieran un color dorado. A continuación poner en otra sartén el apio y el romero, y freír durante 8 o 10 minutos, hasta que los trocitos de apio estén tostados, removiendo constantemente.

4 Añadir el ajo, remover y dejar en la sartén unos minutos más. A continuación se saca, se salpimienta y se añaden las almendras. Condimentar, si fuera necesario, y ya está listo para comer.

Tiempo que hay que invertir: 35 minutos
Para acompañar se toma: tortitas de cereales, cereales cocidos, verdura o puré de patatas
Calorías por ración: 210

Variación:

Setas fritas

Limpiar 1 kg de setas o champiñones. Dependiendo de su tamaño, se cortan en varios trozos o se dejan enteros. Se fríen bien en aceite de oliva, sin dejar de remover para que no se acumule demasiado líquido. Añadir el romero y el ajo, y seguir removiendo mientras se hacen. Salpimentar. También se puede añadir zumo de limón.

Espárragos fritos con pasta y ajetes

Llegó la primavera

Ingredientes para 4 primeros platos:

1 kg de espárragos blancos

1 1/2 cucharada de aceite de sabor neutro

1 1/2 cucharadas de mantequilla

sal y pimienta molida

media cucharada de zumo de limón

Para la pasta con ajetes:

1 manojo grande de ajetes o ajos verdes

300 g de pasta larga y plana (cintas)

sal

1 cucharada de mantequilla

2 cucharadas de queso fresco para untar

1 Pelar y lavar los espárragos. Para pelarlos hace falta un pelador especial o un cuchillo pequeño bien afilado. El cuchillo se clava debajo de la cabeza del espárrago y se va pelando hacia abajo, tira a tira. De la parte superior se corta menos, pero en la inferior se quita más de la piel fibrosa. Una vez pelados, se corta la punta inferior y se trocean los espárragos en pedazos de 3 o 4 cm.

2 Eliminar las hojas mustias de los ajetes, lavar y sacudirlos para quitarles el agua. Picar bien las hojas. A continuación echar la pasta en agua hirviendo con sal y dejar que se hagan (mirar los tiempos de cocción en las instrucciones del envase).

3 Al mismo tiempo se pone el wok al fuego (también se puede usar una sartén grande). Se calienta el aceite y se fríen los espárragos durante unos 3 minutos. Añadir la mantequilla y freír los espárragos durante otros 3 minutos más, hasta que estén tiernos. Remover constantemente. Condimentar con sal, pimienta y zumo de limón.

4 En una sartén pequeña se derrite la mantequilla y se rehogan los ajetes. Se añade el queso fresco, se deja un momento para que se caliente y se sala. Ahora se escurre la pasta, se le añade la salsa y se mezcla todo. Se reparte todo en platos. Los espárragos se añaden como guarnición. Listo para comer.

Tiempo que hay que invertir: 35 minutos
Para acompañar se toma: ensalada de tomate y pan recién hecho
Calorías por ración: 410

Patatas rebozadas con crema de rábanos picantes
Un plato sabroso y sencillo

Ingredientes para 4 primeros platos:

1 kg de patatas nuevas pequeñas

50 g de avellanas, nueces

o semillas de girasol

3 cucharada de mantequilla

sal

1 cucharadita de pimentón dulce

Para la crema de rábanos picantes:

1/4 de l de caldo de verduras

200 g de nata

4 o 5 cucharadas de rábano picante rallado

3 cucharadas de mantequilla

sal, un par de tallos de perejil

1 Lavar y limpiar bien las patatas y ponerlas en una olla. Cubrirlas con agua y ponerlas en el fuego. A partir de que el agua empiece a hervir, se tapan y se dejan unos 15 minutos. Se elimina el agua y se deja que se enfríen un poco.

2 Picar bien las nueces con el cuchillo o machacarlas en el mortero. Derretir la mantequilla en una sartén grande. A continuación se ponen también las patatas enteras y se salan. Con el fuego no muy fuerte, las patatas se fríen en la mantequilla durante unos 5 minutos. De vez en cuando se remueve para que se doren por todos los lados.

3 Al mismo tiempo se ponen en un cazo el caldo y la nata, y se deja que hiervan 2 o 3 minutos. Se añade el rábano. A continuación se corta la mantequilla en trocitos y se va añadiendo a la crema de rábano con la escobilla. Se sala. El perejil se enjuaga, se escurre y se corta en trocitos pequeños.

4 Ahora se añaden las avellanas (o los otros frutos secos) a las patatas y se siguen friendo durante 2 minutos más. Antes de servir, se pone un poco de salsa en platos hondos. Las patatas se colocan encima, se adornan con perejil y se sirven. El resto de la salsa se sirve en un bol como acompañamiento.

Tiempo que hay que invertir: 35 minutos
Para acompañar se toma: ensalada de lechuga o pepino
Calorías por ración: 545

Sugerencia:
Si no hay patatas nuevas pequeñas, se pueden emplear grandes, que se hervirán peladas y se pelarán antes de freírlas.

Hamburguesas vegetales con zanahorias a la mostaza

Una vieja receta alemana

Ingredientes para 4 primeros platos:

400 ml de caldo de verduras

200 g de mijo molido (de venta en tiendas de dietética o en grandes supermercados)

1 cebolla grande, 2 dientes de ajo

1 manojo grande de perejil

2 huevos grandes, sal y pimienta molida

2 cucharadas de aceite de oliva

Para las zanahorias con mostaza:

600 g de zanahorias tiernas

1 cucharada de mantequilla

1 cucharadita de azúcar

un vasito de caldo de verduras

1 cucharada de mostaza en grano

sal y pimienta molida

1 cucharadas de zumo de limón

1 Para hacer las hamburguesas habrá que poner a hervir el caldo y añadir el mijo molido, mezclándolo bien. Se tapa la cazuela y se deja a fuego lento durante 20 minutos. Transcurrido ese tiempo se apaga, pero se deja enfriar ahí mismo, para que el mijo siga hinchándose.

2 Mientras tanto, pelar la cebolla y los ajos, y picarlos muy bien. El perejil se enjuaga, se escurre y se corta también en trocitos pequeños.

3 La cebolla, el ajo y el perejil se añaden a la pasta de mijo. Se salpimienta y se amasa bien. Con esta pasta se hacen 8 hamburguesas.

4 Ahora se pelan las zanahorias y se cortan a lo largo en 4 trozos. Si fueran muy largas, se parten también por la mitad. En una cazuela se derrite la mantequilla y se añade el azúcar. Se remueve para que se derrita. A continuación se añaden las zanahorias y se remueven bien. Se añade el caldo, se tapa y se deja que se hagan las zanahorias durante 5 o 6 minutos.

5 Al mismo tiempo se calienta el aceite en una sartén. Ahí se fríen las hamburguesas vegetales a fuego no muy fuerte durante unos 8 minutos. Cuando estén hechas por una cara, se les da la vuelta. A las zanahorias se les añade la mostaza. Se salpimientan y se condimentan con zumo de limón. Se comen como guarnición de las hamburguesas.

Tiempo que hay que invertir: 1 hora
Para acompañar se toma: ensalada de lechuga
Calorías por ración: 345

Le recomendamos...

En lugar de mijo se pueden emplear copos de avena, de trigo integral o de arroz. Además, las hamburguesas se pueden condimentar con pimentón, guindilla molida o una pizca de comino.

Tortitas de *quark* con repollo

Una buena forma de comer repollo

Ingredientes para 4 primeros platos:

2 cebollas tiernas

2 ramitas de tomillo o 4 tallos de perejil

500 g de *quark* (requesón), queso fresco para untar o *ricotta*

150 g de sémola de trigo duro (puede ser integral)

2 huevos grandes, sal y pimienta molida

2 o 3 cucharadas de mantequilla

Para la guarnición de col:

1 repollo de 800 g, sal, 1/2 manojito de perejil

1 cucharada de zumo de limón

1 cucharadita de mostaza picante

4 cucharadas de aceite de oliva

pimienta cayena

1 Lavar y escurrir las cebollas tiernas. Se limpian y se pican bien. Lavar y escurrir el tomillo y separar las hojitas. En un bol grande se mezclan las cebollas y el tomillo con el *quark* (o con sus sustituto), la sémola y los huevos. Se salpimienta y se mezcla todo bien. A continuación se deja reposar durante unos 30 minutos.

2 En ese tiempo se lava bien el repollo, se eliminan los tallos gruesos, se cortan las hojas y se pican en trozos grandes.

3 Calentar el aceite de oliva en una sartén. Con la masa de *quark* y sémola se hacen 8 tortitas y se colocan en la sartén. Con el fuego no muy fuerte, se fríen las tortitas durante unos 5 minutos. Se les da la vuelta y se fríen por el otro lado.

4 Mientras se hacen, en una olla grande se pone a hervir abundante agua con sal. Cuando hierva, se echa dentro el repollo y se deja hervir durante 5 minutos.

5 El perejil se lava y se escurre. A continuación se corta en trozos pequeños. Se mezcla con el zumo de limón, la mostaza, el aceite, la sal y la pimienta cayena. Cuando está tierno, el repollo se coloca en un colador y se deja escurrir. Se le añade la salsa de perejil y se come como guarnición con las tortitas.

Tiempo que hay que invertir: 1 hora
Para acompañar se toma: panecillos integrales
Calorías por ración: 485

Le recomendamos...

Si no le gusta el repollo, pruebe las tortitas con espinacas, col rizada o acelgas.

Cazoleta árabe de verduras

Sabrosa y fresca

Ingredientes para 4 primeros platos:

1 pimiento rojo, 1 verde y 1 amarillo por ración

1 berenjena, 2 calabacines, 2 tomates

1 cebolla grande

4 dientes de ajo

8 dátiles u 8 albaricoques secos

1 manojo de cilantro fresco

4 cucharadas de aceite de oliva

1 cucharadita de comino molido, otra de

cilantro y otra de pimentón picante

sal

Para el yogur de uvas:

250 g de uva blanca o negra

1/2 manojito de albahaca

300 g de yogur

1 cucharadita de aceite de oliva

1 cucharada de zumo de limón

sal y pimienta molida

1 Lavar y limpiar las hortalizas. Cortar el pimiento en tiras, la berenjena y los calabacines en dados y los tomates en ocho trozos.

2 Se pelan las cebollas, se parten y se cortan en tiras. Pelar los ajos y cortarlos en trocitos. Deshuesar los dátiles y cortarlos a lo largo en 4 tozos. El manojo de cilantro se lava y se escurre. Las hojas se pican bien.

3 Se pone a calentar aceite en una sartén grande. Cuando empiece a calentarse se ponen en la sartén el pimiento, la berenjena, el calabacín, la cebolla y el ajo. Se rehogan durante 3 o 4 minutos, sin dejar de remover. Al cabo de ese tiempo se añaden los tomates, los dátiles y el cilantro picado. Se condimenta con las especias y se sala. Dejarlo cocer tapado a fuego no muy alto durante unos cinco minutos.

4 En ese tiempo se lavan y se trocean las uvas, eliminando las pepitas. Enjuagar la albahaca, sacudirla para que escurra y picarla bien. El yogur se mezcla con el aceite de oliva y el zumo de limón. Se le añaden las uvas y la menta. Se salpimienta y se come acompañando a la verdura.

Tiempo que hay que invertir: 35 minutos
Para acompañar se toma: pan de pita caliente o cuscús
Calorías por ración: 295

Pakoras
Verdura frita con salsa para untar

Ingredientes para 4 primeros platos o para 8 aperitivos:

250 g de harina integral

2 cucharaditas de aceite de sabor neutro

sal

1 kg de hortalizas (por ejemplo, coliflor, brécol, berenjenas, patatas, zanahorias y cebollas)

3/4 de l de aceite para freír

Para la salsa:

1 mango

2 cucharadas de mostaza en grano

200 g de yogur

1/2 cucharadita de cúrcuma molida

sal

unas hojitas de albahaca, estragón o cilantro

1 Poner en un bol la harina integral. Añadir el aceite neutro y 2 cucharaditas de sal. A continuación se van añadiendo poco a poco, removiendo con la escobilla, 300 ml de agua templada. Se bate bien hasta que se hayan deshecho todos los grumos. A continuación se deja reposar la masa.

2 Se pela el mango. La pulpa se hace puré con la batidora o con el robot de cocina. En una sartén pequeña se tuestan los granos de mostaza durante 1 o 2 minutos. A continuación se machacan bien en el mortero. El puré de mango se mezcla con el yogur. Se añade la mostaza machacada, cúrcuma y sal. Las finas hierbas se lavan y se secan, se pican bien y se añaden al puré.

3 Lavar y limpiar las hortalizas. Pelar las que tenga que pelarse. Se separan los cogollitos de la coliflor y del brécol. Las berenjenas se cortan en dados grandes; las patatas y las zanahorias, en rodajas de 1 cm de grosor. Las cebollas se cortan en 8 pedazos.

4 Calentar el aceite en el wok o en una sartén grande. A continuación se cubre una fuente grande con dos capas de papel de cocina (aquí escurrirá el aceite de freír). El horno se enciende y se pone a 70 grados. Se comprueba que el aceite esté muy caliente. Se remueve una vez la masa de harina y se empieza a rebozar en ella los trozos de verdura. Una vez rebozados, se fríen en el aceite durante unos 4 minutos, hasta que se doran bien, dándoles siempre la vuelta para que se hagan por todas partes. Los trozos ya fritos se sacan con la espumadera, se colocan en la fuente y se meten en el horno para que no se enfríen.

5 Cuando todo está frito, se retira el papel de cocina. La verdura está lista para comer untando en la salsa.

Tiempo que hay que invertir: 50 minutos
Para acompañar se toma: *chutney*, yogur con albahaca y guindilla, pan de pita, ensalada de tomate y pepino (aderezada con aceite de oliva y zumo de limón).
Calorías por ración: 775

Una variante japonesa:

Tempura
La harina de tempura, más fina que la de pakoras, se puede comprar en comercios asiáticos. Como sustituto, se pueden usar 150 g de harina blanca de trigo. Se coloca en un bol y se le añaden 200 ml de agua muy fría, 1 huevo y 2 cucharaditas de vinagre de arroz y 1 cucharadita de sal. Se bate todo bien. Se lava, se pele y se corta 1 kg de hortalizas diversas y más o menos exóticas (brécol o coliflor, zanahorias, pimiento, mazorcas de maíz enanas, setas...). Después de rebozar bien los trozos, se fríen en aceite muy caliente durante unos 4 minutos. Como ya se indicó arriba, se colocan en una fuente sobre un papel que absorba la grasa y se mantienen calientes en el horno. Para untar se puede hacer una mezcla al gusto de salsa de soja, vinagre de arroz y pasta *wasabi* japonesa. A la salsa se le añade jengibre picado y una cebolleta cortada en anillos. Se sirve en pequeños cuencos, en los que se moja directamente la verdura frita.

Un detalle importante:
En lugar de harina integral se puede emplear harina de garbanzos tostados, a la venta en comercios asiáticos y en tiendas de dietética. Se trata de una harina que resulta especialmente aromática y sabrosa.

Espinacas con lentejas
Cocina de oriente medio

Ingredientes para 4 primeros platos:

600 g de espinacas

1 cebolla

2 dientes de ajo

2 cucharadas de aceite de sabor neutro

200 g de lentejas de bote

600 ml de caldo de verduras

200 g de mazorcas de maíz dulce

(en conserva)

sal, guindilla

1/2 de manojo de cilantro

1 manojo de cebollas tiernas

100 g de yogur o nata para cocinar

1 Eliminar todas las hojas mustias de las espinacas y cortar los tallos más gruesos. Lo primero es lavar muy bien las espinacas en el fregador. Hay que enjuagarlas hasta que el agua salga limpia. Escurrirlas bien y cortarlas en trozos grandes. Pelar los ajos y la cebolla, y cortarlos en trocitos.

2 El aceite se calienta en el wok o en una sartén con tapa. En él se rehogan la cebolla y el ajo. Se añaden las lentejas y se remueve

todo bien. Añadir el caldo, tapar y poner a fuego lento. Dejar que se cocine durante unos 15 minutos.

3 Escurrir el maíz y añadir a las lentejas, junto con las espinacas. Se condimenta todo con sal y guindilla. Se tapa y se deja unos minutos más, hasta que las espinacas están bien tiernas.

4 Durante ese tiempo, se enjuaga y se escurre el cilantro y se le pican las hojas. Lavar y limpiar las cebollas tiernas, cortar las raíces y eliminar las partes verdes mustias. El resto se corta en anillos finos.

5 Ahora se añaden a las lentejas el cilantro, los anillos de cebolla y el yogur. Se prueba y se corrige de sabor si fuera necesario. Se sirve inmediatamente.

Tiempo que hay que invertir: 35 minutos
Para acompañar se toma: pan de pita, arroz o patatas
Calorías por ración: 335

Remolacha en leche de coco
Sencillo y exótico

Ingredientes para 4 aficionados al coco:

800 g de remolacha en conserva

2 cebollas, 2 dientes de ajo

1 cucharada de mantequilla

1 cucharadita de cilantro molido

1 cucharadita de cúrcuma

1/4 de l de caldo de verduras, sal

1 lata de leche de coco (400 g)

de 2 a 4 cucharaditas de pasta de curry

(de venta en comercios asiáticos y grandes supermercados)

1 manojito pequeño de albahaca

1 cucharada de zumo de limón

1 Como la remolacha mancha bastante, para trabajar con ella recomendamos usar guantes de goma. Lo primero que hay que hacer es pelarlas en rodajas de 1 cm de grosor y luego en dados. Pelar las cebollas y los ajos. Las cebollas se parten por la mitad primero y luego en tiras. El ajo se pica muy bien.

2 La mantequilla se calienta en el wok o en una sartén con tapa. Cuando esté caliente, se rehogan las remolachas, junto con las

cebollas y el ajo. Se rocían por encima el cilantro y la cúrcuma, y se remueve todo bien. Seguir friendo y añadir el caldo. Se sala un poco, se tapa y se deja que se siga cociendo a fuego lento unos 20 minutos.

3 Entonces se añaden la leche de coco y la pasta de curry. Se mezcla todo bien. Se vuelve a tapar y se deja que la verdura se haga otros 20 minutos, hasta que esté tierna. Antes de servir, se corta la albahaca en tiritas, se mezcla con el zumo de limón y se rocía esta mezcla sobre la verdura.

Tiempo que hay que invertir: 1 hora (trabajo activo, sólo 20 minutos)
Para acompañar se toma: quinua (un cereal andino de venta en comercios especializados y grandes supermercados) o arroz
Calorías por ración: 325

Curry de verduras con arroz al limón
El color al poder

Ingredientes para 4 primeros platos:
1 kg de hortalizas y verdura (p. ej., patatas, zanahorias, puerros, pimientos rojos, repollo, coliflor, tirabeques y tomates cherry)

1 cebolla grande
1 pedazo de jengibre fresco (de unos 2 cm)
1 1/2 cucharaditas de comino
1 1/2 cucharaditas de cilantro
2 ñoras, 2 hojas de laurel
1 cucharadita de cúrcuma
1/2 de cucharadita de canela
1 medida de clavo molido
2 cucharadas de mantequilla
300 ml de caldo de verduras
sal, 4 cucharadas de yogur
garam masala para espolvorear (especias indias de venta en comercios asiáticos; se puede sustituir por una mezcla picante de especias)

Para el arroz:
250 g de arroz basmati
1/2 limón sin tratar, 1/2 manojo de perejil
1 cucharada de mantequilla, sal

1 Lavar y limpiar las hortalizas. Pelar las que tenga que pelarse. Las patatas, las zanahorias y los puerros se cortan en trozos grandes. Los pimientos y el repollo, en tiras. Se separan los cogollitos de la coliflor. Los tirabeques se dejan enteros y los tomates se parten por la mitad. Se pelan las cebollas, se parten y se cortan en tiras. Pelar el jengibre y cortarlo en trocitos menudos.

2 En el wok o en una sartén sin grasa se tuestan el comino, el cilantro, la guindilla y las hojas de laurel durante 1 o 2 minutos, sin dejar de remover. Cuando estén tostados, se machacan en el mortero. Si las hojas de romero quedan muy grandes, se sacan al final. Se añade la cúrcuma, la canela y el clavo.

3 Colocar el arroz en un colador y enjuagar con agua fría. Poner a calentar en una olla con medio litro de agua. Cuando empiece a hervir, tapar, poner a fuego lento y dejar que se haga durante 15 minutos.

4 Calentar nuevamente el wok o la sartén y derretir la mantequilla. Rehogar la cebolla y el jengibre. Añadir todas las hortalizas troceadas, excepto los tomates, y freír. Mezclar bien las especias. A continuación se añade el caldo, se sala y se tapa. Se deja cocer a fuego lento durante 15 minutos. Si se secan, se añade un poco de agua.

5 Se lava con agua caliente el limón sin tratar, se pela y la cáscara se pica bien. El perejil se enjuaga, se escurre y se corta en trocitos pequeños. En una sartén pequeña se derrite la mantequilla y se mezcla con el perejil y la cáscara de limón. Se añade al arroz y se sala.

6 A continuación se mezcla la verdura con el yogur y se sala también. Rociar con las especias picantes y servir acompañado del arroz.

Tiempo que hay que invertir: 40 minutos
Calorías por ración: 395

Espinacas con tofu
Fáciles y refrescantes

Ingredientes para 4 primeros platos:

600 g de espinacas

1 limón sin tratar

1 cebolla roja

4 dientes de ajo

1 guindilla verde

600 g de tofu

sal

40 g de almendras, piñones o

pistachos pelados

4 cucharadas de aceite de oliva

opcionalmente, 1 o 2 cucharadas de *crème fraîche* o queso fresco para untar

1 Llenar el fregador con agua fría y lavar bien las espinacas, eliminando previamente todas las hojas mustias y cortando los tallos más gruesos. Escurrir y volver a lavar hasta que el agua salga limpia. Escurrirlas bien y cortarlas en trozos grandes.

2 Se lava con agua caliente el limón sin tratar, se pela y la cáscara se pica bien. Pelar el ajo y la cebolla. La cebolla se parte por la

mitad y se corta en tiras. El ajo se corta en rodajitas. Lavar la guindilla y quitarle el pedúnculo. Cortarla en anillos, semillas incluidas. (Las semillas sólo se quitarán si no queremos que quede picante.)

3 El tofu se corta en rodajas de 1 cm primero y luego en tiras. Se sala. En el mortero se pican bien las almendras, los piñones y los pistachos, que a continuación se mezclan bien con el tofu.

4 En el wok o en una sartén se calientan 3 cucharadas de aceite. En él se fríen las tiras de tofu hasta que estén bien doradas. Se colocan en un plato, se cubren y se mantienen calientes.

5 El resto del aceite se calienta y en él se rehogan la cebolla, el ajo y la guindilla. Se añaden las espinacas y se fríe con llama alta hasta que las hojas estén tiernas. A continuación se añade la cáscara de limón, se sala y se adereza con un poco de queso fresco. Se revuelve con el tofu y se sirve.

Tiempo que hay que invertir: 30 minutos
Para acompañar se toma: arroz, pasta o simplemente pan blanco o integral
Calorías por ración: 315

Tofu frito con cacahuetes
Muy picante

Ingredientes para 4 primeros platos:

600 g de tofu

5 cucharadas de salsa de soja

sal, 1 pimiento rojo

1 trozo de pepino (unos 200 g)

1 manojo de cebollas tiernas

2 dientes de ajo

4 ñoras

1 vasito de caldo de verduras

3 cucharadas de vinagre tinto

1/2 cucharada de azúcar

1/2 cucharada de aceite de ajonjolí

4 cucharadas de aceite de sabor neutro

100 g de cacahuetes salados tostados

1 Cortar el tofu en dados de 1 cm. Se pone en un bol con 1 cucharada de salsa de soja y se sala ligeramente.

2 Lavar y trocear el pimiento, eliminando el rabo, las pieles blancas del interior y las semillas. Los trozos se cortan en tiras. El pepino se pela y se corta en rodajas no muy finas. Lavar y limpiar las cebollas tiernas,

cortar las raíces y eliminar las partes verdes mustias. La parte blanca de las cebollas se parte en trozos de unos 4 cm, mientras que lo verde tierno se corta en anillos finos. Pelar los ajos y cortarlos en trocitos. Machacar las ñoras en el mortero.

3 Para hacer la salsa se mezcla el caldo con vinagre, azúcar y aceite de ajonjolí. Se pone a calentar el wok o la sartén con la mitad del aceite de sabor neutro y se fríen bien los dados de tofu. Se deja que se tuesten bien, sin remover demasiado para que tengan una costra crujiente. Cuando el tofu está bien tostado, se saca con la espumadera y se reserva.

4 Ahora se pone a calentar en la misma sartén el resto del aceite y se fríen el pimiento, el pepino, las cebollas, el ajo y las ñoras durante unos 3 minutos, sin dejar de remover. Al cabo de ese tiempo se rocían con la salsa, se añade el tofu y se pone a calentar otra vez. Mientras se calienta, machacar los cacahuetes en trozos no muy pequeños. Antes de servir, se adorna con anillos de cebolla sobre el tofu.

Tiempo que hay que invertir: 25 minutos
Para acompañar se toma: arroz o pasta
Calorías por ración: 420

Verdura con anacardos
Un plato lleno de colorido

Ingredientes para 2 primeros platos:

500 g de verdura y hortalizas (p. ej., apio, zanahorias, pimientos, setas o champiñones, acelgas, brécol y tirabeques)

1 cebolla pequeña, 1 dientes de ajo

1 pedazo de jengibre fresco (de unos 2 cm)

1 tallo de hierba limón o limoncillo (puede usarse en polvo)

50 g de judías *mungo* germinadas (o brotes o judías verdes muy tiernas)

algo para dar sabor afrutado al plato:

100 g de albaricoques, 1 caqui o 1/2 mango

2 cucharadas de aceite de sabor neutro

50 g de anacardos

1/2 de cucharadita de guindilla molida o pimienta cayena

sal, 100 ml de caldo de verduras

1 cucharada de sake (o alcohol no dulce)

1 cucharada de salsa de soja

1/2 cucharada de zumo de limón

1 cucharada de miel, 1/2 cucharada de cilantro

1 Lavar y limpiar las hortalizas. El apio, las zanahorias, el pimiento y las setas se cortan en tiritas. Las acelgas, en trozos más grandes. Se sacan los cogollitos del brécol uno a uno. Los tirabeques se dejan enteros. Pelar el ajo, las cebollas y el jengibre. Las cebollas se cortan a tiras. El ajo y el jengibre se pican. La hierba limón se limpia y se pica. Los brotes o las judías se enjuagan bien. Si se usan judías, hay que cortar las puntas.

2 Se lavan y se deshuesan los albaricoques y se cortan en rodajas. Si se usa caqui, se extrae la pulpa, y si se usa mango, se pela, se deshuesa y se hace rodajas.

3 En un wok o sartén grande se pone a calentar el aceite. Ahí se doran los anacardos, sin dejar de remover. Se sacan y se condimentan con pimienta cayena o guindilla y con sal. Ahora se fríe toda la verdura, removiendo bien durante unos 5 minutos. Se añaden los brotes, la cebolla, el jengibre, el ajo, la hierba limón y los trozos o la pulpa de fruta. Se fríe durante 1 o 2 minutos, sin dejar de remover. Cuando está todo rehogado, se añaden el caldo, el chupito, el zumo de limón y la miel. Se sala y se espolvorea con el cilantro y los anacardos.

77

Tiempo que hay que invertir: 30 minutos
Para acompañar se toma: arroz o pasta
Calorías por ración: 415

Pasta frita con setas al curry

Un plato sabroso y rápido

Ingredientes para 2 primeros platos:

200 g de fideos chinos (o tallarines)

4 cebolletas o cebollas tiernas

300 g de setas o champiñones (o un combinado de ambos)

4 cucharadas de aceite de sabor neutro

2 cucharadas soperas de ajonjolí

2 o 3 cucharaditas de curry picante

sal, 200 ml de caldo de verduras

4 cucharadas de nata

1/2 manojo de cebollinos

1 Poner a hervir el agua de para la pasta. Cuando hierva, se echan los fideos chinos, se retira la olla del fuego y se deja que los fideos se blandeen durante 4 minutos.

2 En ese tiempo, lavar y limpiar las cebollas tiernas, quitándoles las raíces y las hojas mustias. Se cortan en trozos de unos 4 cm. Estos trozos se parten a lo largo.

3 Las setas y los champiñones se limpian frotándolos con papel de cocina. Se elimina la parte más sucia del pie y se cortan en tiras o en rodajas.

4 Con un tenedor se remueve bien la pasta para despegarla. Se echa en un colador y se deja escurrir. En el wok o en una sartén se calientan 3 cucharadas de aceite, donde se freirán bien los fideos durante 2 minutos, removiendo. Se sacan en un plato y se tapan para que no se enfríen.

5 Ahora se pone a calentar en la misma sartén el resto del aceite y se fríen en él las setas y las cebolletas. Se añade el ajonjolí y se rehoga todo durante 2 minutos, sin dejar de remover. Añadir el curry, la sal y el caldo. A continuación se vierte en la sartén la nata y se corrige de sabor, si fuera necesario. Ahora se añade la pasta. Enjuagar y escurrir los cebollinos. Con la tijera se cortan en pedazos de 1 cm que se espolvorean sobre la pasta. Y se puede comer con el tenedor o con los palillos chinos.

Tiempo que hay que invertir: 20 minutos
Para acompañar se toma: ensalada de pepinos
Calorías por ración: 770

Sugerencia:

Si se quieren hacer 4 porciones, además de usar el doble de ingredientes habrá que tener en cuenta que la pasta se tiene que freír en dos veces. De lo contrario, no quedará bien tostada y crujiente.

Arroz frito con verdura

Un arroz muy europeo

Ingredientes para 2 primeros platos:

150 g de arroz de grano largo, sal

1/2 berenjena pequeña, 1 calabacín tierno

1 pimiento rojo pequeño

100 g de tomates cherry, 1 ramita de romero

2 ramas de tomillo, 2 hojas de salvia

4 dientes de ajo

4 cucharadas de aceite de oliva

pimienta molida

4 cucharadas de parmesano

Para los huevos:

aceite para freír, 2 huevos grandes

sal, guindilla, 2 cucharadas de parmesano

1 Poner el arroz taza a taza en una cazuela y ponerlo a hervir con el doble de tazas de agua y sal a fuego lento. Dejar que hierva durante unos 15 minutos. Cuando esté listo, colocarlo en un bol y dejar que se enfríe completamente.

2 Lavar y limpiar la verdura. La berenjena y el calabacín se pelan y se cortan en dados. El pimiento se corta en tiras y los tomates se parten por la mitad. Enjuagar las hierbas aro-

máticas, sacudirlas para que se escurran y picarlas bien. A continuación pelar los ajos y cortarlos en trocitos.

3 Se pone a calentar el wok o una sartén con 2 cucharadas de aceite. Cuando esté caliente, se reparte el arroz por toda la superficie y se fríe bien (sin remover, para que no se apelmace) con la llama alta durante 3 minutos. Entonces se remueve una vez y se deja otros 2 minutos. El arroz se coloca en un plato, se tapa y se mantiene caliente.

4 A continuación se calienta el resto del aceite y se sofríen en él la berenjena, el calabacín y el pimiento durante 4 o 5 minutos. Se añaden las hierbas y el ajo y se deja que se haga todo 1 o 2 minutos más. Se salpimenta la verdura y se añade el arroz con los tomates y el queso. Se mezcla todo y se deja reposar.

5 Se calienta en una sartén el aceite para freír los huevos. Cuando esté caliente, se fríen. Se condimentan col sal y guindilla, y se rocían con queso. Se pueden dejar hasta que la yema esté bastante cuajada. Antes de servir, el arroz con verdura se adorna con los huevos fritos.

Tiempo que hay que invertir: 30 minutos (+ tiempo de cocción y enfriamiento para el arroz)
Para acompañar se toma: ensalada de lechuga
Calorías por ración: 740

Sugerencia:

Como en la receta anterior, si se quiere hacer para 4 personas, habría que freír el arroz en dos tandas.

Huevos picantes revueltos
Un plato fácil y muy rápido

Ingredientes para 4 aperitivos o 4 entrantes (depende de la guarnición):

2 cebollas

300 g de tomates cherry

1/2 de manojito de perejil

8 huevos grandes

4 cucharadas de leche

1 cucharada de rábano picante recién rallado

rábano picante para adornar

sal

1 1/2 cucharadas de mantequilla

1/2 cucharada de aceite

1 Pelar las cebollas y cortarlas primero por la mitad y luego en tiras de aproximadamente medio centímetro. Lavar los tomates cherry y partirlos también por la mitad. Lavar el perejil y sacudirlo para quitarle el agua. Picar las hojas.

2 Los huevos se cascan y se ponen en un bol. Se les añade la leche, el rábano y la sal. Se bate todo con un tenedor hasta que se consigue una mezcla consistente.

3 Calentar el aceite y la mantequilla en una sartén. A continuación se añaden las tiras de cebolla y se dejan pochar durante unos 8 minutos con la llama no muy alta, hasta que se doran, sin dejar de remover. A continuación se colocan en la sartén los tomates con la superficie de corte hacia abajo. Se sube un poco la llama y se fríen los tomates durante 2 o 3 minutos. Se añade el perejil, se remueve todo y se sala.

4 Ahora se vierten en la sartén los huevos batidos y se mezclan bien con la cebolla y el tomate. Se sigue removiendo hasta que el huevo empieza a cuajar. No hay que dejar que se sequen. Se adornan con un poco de rábano y ya están listos para comer.

Tiempo que hay que invertir: 25 minutos
Para acompañar se toma: si es sólo un aperitivo, pan; si se trata de un primero, patatas fritas como guarnición
Calorías por ración: 245

De ollas

Guisos de lujo para cada día.

y cazuelas

—¿Qué? ¿Otra vez potaje de sobras? ¡Cada sábado lo mismo! ¿Qué falla en esta situación? Está claro: la cocina. Si fuera buena, no sobraría tanta verdura al cabo de la semana ni aterrizaría cada sábado en un potaje. ¿Qué se puede hacer? ¿Prescindir de la carne de diario, para que se coman las verduras de pura hambre? La primera parte suena bien, pero la segunda no es un buen camino: los platos se vacían mejor cuando la sabrosura despierta el apetito. ¿Quizá comenzar con una buena sopa? Despierta el apetito y puede ser un placer en sí misma.

Y como la sopa es tan sufrida, podemos experimentar y adquirir soltura para probar otras mil exquisiteces: estofado de hinojo y ragú de espárragos, *risotto* de limas con jengibre y albóndigas de rúcula, pasta con *mozzarella* y ajo de oso, fideos con pardinas picantes... Salta a la vista que no hay ni carnes ni pescados, pero ¡qué sabor y qué alegría para el paladar! Difícil será que nos quede algo para el sábado; pero si es así, serán restos de lujo.

Nuestro color favorito:

rojo tomate

El corazón de la huerta está sabroso crudo, en ensaladas, en gazpachos, frito, en ketchup... ¡Sí, en ketchup! Porque el licopeno —responsable del color rojo y beneficioso para el corazón y la circulación sanguínea— sienta aún mejor cocido. Es un carotenoide de primera (véase la página 62), responsable asimismo del color de una bomba de vitamina C como el pimiento. Los tomates verdes gustan menos con razón: el color indica la presencia de solanina, que a la larga puede afectar a la cabeza y el estómago.

Bebidas vegetarianas

Virgin Mary

El vodka no viene de los animales, cierto es, sino de los siempre apreciados cereales o de la patata; pero el *Bloody Mary* no entraría en la oferta de un bar vegetariano, que hace gala de bebidas que avivan, en lugar de adormecer. Pero si alguien llega con resaca después de una noche de excesos, no le sentará mal un ingenuo *Virgin Mary*:

Para un vaso vertimos 125 ml de zumo de tomate, el zumo de medio limón y dos gotas de salsa *Worcestershire* y tabasco en un vaso grande, más dos cubitos de hielo, y removemos con energía. El *Mary* se tamiza pasándolo a su vaso definitivo con un colador fino y se sazona con sal y pimienta. Existe una variante con zumo de zanahoria y sal de apio. Por otro lado, si al zumo de tomate le añadimos 4 cl de vodka tenemos el *Bloody Mary* tradicional, con alcohol.

macrobiótico?

Detrás del concepto está la idea de que, entre el nacimiento y la muerte, el invierno y el verano, el día y la noche, vivimos siempre entre extremos. Eso se supera con un equilibrio interior como el que buscan muchas filosofías orientales. La macrobiótica japonesa («arte de la vida larga») lo busca mediante la cocina y la comida. Algunos ingredientes son más *yin* y otros más *yang.* Las verduras, y sobre todo los cereales, se hallan en el centro ideal. Son muy yin el azúcar y los helados; muy yang la sal y la carne. Los extremos son perjudiciales; la leche tampoco es aceptable. Pero el protagonismo lo adquieren las estaciones, lo local, los ingredientes naturales y la preparación.

Toques caseros
Caldo de verduras

Gracias al dorado inicial y al toque final de los copos de levadura, este caldo de verduras resultará tan enérgico que bien podrá competir con los caldos de carne.

Pelamos 4 zanahorias y 300 g de apio, cortados a dados grandes; lavamos 1 puerro y lo cortamos en aros. Lavamos 1 cebolla con su piel, la partimos por la mitad y en una sartén doramos bien la parte lisa. Doramos ligeramente las zanahorias, el apio y el puerro en 2 cucharadas de aceite. Añadimos 2 l de agua, más la cebolla, 2 tomates partidos por la mitad, 1 manojo de perejil, 2 hojas de laurel y 1 diente de ajo. Lo llevamos a ebullición sin prisa y lo mantenemos a fuego lento 1 hora. Añadimos copos de levadura (1 o 2 cucharadas, al gusto; de venta en tiendas de dietética), tamizamos con un colador, ¡y listos!

Fuentes de hierro

Estimada tía Marga:
Cuando se habla de la carne, la gente piensa de inmediato en la sangre, en el hierro y las anemias (sobre todo los tíos). Entonces, si no tomo carne, ¿qué me puede aportar la misma cantidad de mineral? ¿Y de cinc? **Susan (Sigüenza)**

La tía Marga responde:
El asunto es espinoso. Empecemos por lo que dice la ciencia: si nos falta hierro, nos falla la creatividad, la reflexión y la vida en general. Es el «taxi» de la sangre, el que reparte el imprescindible oxígeno por todo el cuerpo. Lo mismo pasa con los animales, por eso su carne (especialmente la roja) es tan rica en hierro. No lo hay en la leche ni en los huevos. A los vegetarianos les toca buscarlo en las verduras (espinacas), los cereales (germen de trigo), las legumbres (alubias *mungo*) o las setas (rebozuelo).

Ahora bien, el cuerpo aprovecha peor el hierro vegetal que el de la carne, porque el primero se acompaña de elementos que frenan su absorción: la fibra de los cereales, el ácido oxálico de las espinacas, el calcio de la leche (o el té y el café, dicho sea de paso). En el caso del cinc (propio de las hortalizas y los cereales, cura las heridas y abre el apetito) ocurre algo similar. Es mejor tomar sólo espinacas tiernas y de calidad y ser generosos con el limón, porque la vitamina C vuelve a facilitar en parte la absorción de los metales. También las conservas, como los pepinillos en vinagre o la col fermentada. Y aun así, nos puede faltar hierro; como a muchos carnívoros, por cierto. En el caso de las mujeres, la menstruación es una sangría adicional (si me permites la broma). Así que mejor consultar al médico cuando haya sensación de debilidad, y tomar pastillas para compensar, si es preciso... ¡salvo que prefieras un bistec, claro!

Sopa de guisantes

Aromática con guisantes frescos o congelados

Una comida ligera para 4 comensales:

1,2 kg de guisantes frescos

o 450 g de guisantes congelados

2 chalotas o cebollas tiernas

2 dientes de ajo

1/2 manojo de albahaca o 1 manojo de berros

1 trozo de cáscara de limón sin tratar

3 cucharadas de mantequilla

1/2 l de caldo de verduras

2 cucharadas de almendras picadas (valen también pistachos o semillas de girasol)

250 g de yogur natural líquido o leche descremada

sal y pimienta molida

1 pizca de clavo molido

4 cucharadas de nata

2 cucharaditas de jarabe de alerce (se puede comprar en grandes supermercados) o de miel

1 Pelar los guisantes. Pelar las chalotas y el ajo, y cortarlo todo en trocitos muy pequeños. Enjuagar y escurrir las finas hierbas. Eliminar los tallos más gruesos y picar bien los más tiernos. Las hojas se reservan. Cortar la cáscara de limón en trozos muy pequeños.

2 Poner una olla grande al fuego y derretir en ella 2 cucharadas de mantequilla. Rehogar las chalotas, el ajo, los tallos de las hierbas y la cáscara de limón durante unos minutos. Remover bien para que no se pegue. Añadir los guisantes y el caldo de verduras. Tapar y dejar que los guisantes se cuezan unos 10 minutos a fuego medio.

3 En ese tiempo, se pican las hojas de finas hierbas. Se derrite el resto de la mantequilla en una sartén y se tuestan ahí las almendras o su sustituto. Hay que remover continuamente para que no se quemen.

4 Sacar con la espumadera unos guisantes de la olla. Se reservan. El resto se pasa por la batidora dentro de la misma olla hasta conseguir una crema muy fina. Se añaden el yogur líquido y las hiervas, y se le da un hervor. A continuación se añaden los guisantes enteros, se sala y se condimenta con pimienta y clavo. En un bol se mezcla la nata con el jarabe de alerce y la miel. La sopa se sirve en platos hondos o boles, y se adorna con una nube de nata y un pellizco de almendras tostadas. Se come inmediatamente.

Tiempo que hay que invertir: 30 minutos
Para acompañar se toma: pan tostado (integral o blanco)
Calorías por ración: 265

Sopa de tomate con amaranto

También se puede hacer con quinua, cuscús o arroz

Una comida ligera para 4 comensales:

400 g de tomates muy maduros

1 cebolla roja

2 dientes de ajo

2 cucharadas de aceite de oliva

1 cucharadita de finas hierbas secas (se puede hacer una composición propia o usarlas de frasco)

120 g de amaranto (un cereal sudamericano de venta en tiendas de dietética y grandes supermercados)

600 ml de caldo de verduras

2 cucharaditas de tomate en puré

sal y pimienta molida

1 cucharadita de azúcar o de miel

100 g de queso de oveja (feta)

2 tallos de perejil

1 cucharada de queso fresco para untar

1 Lavar los tomates y cortar en dados muy pequeños. Eliminar el ombligo. No es preciso quitarles la piel si se cortan en trozos muy pequeños. Pelar la cebolla y el ajo, y picarlos muy bien.

2 Poner una olla grande al fuego y calentar en ella el aceite. Sofreír la cebolla, el ajo y la mezcla de especias durante unos 5 minutos, hasta que la cebolla esté blanda. Remover constantemente. Añadir el amaranto y dejar que el grano se empape bien.

3 Mezclar los tomates y el caldo, y dejar que hierva. Condimentar con puré de tomate, sal, pimienta, azúcar o miel. Se tapa la cazuela y se deja a fuego lento durante 30 minutos.

4 Partir el queso feta en trocitos. Lavar el perejil y sacudirlo para quitarle el agua. Picar las hojas. A continuación enriquecer la sopa con el queso fresco, el queso feta y el perejil. Se prueba y se corrige de sabor si fuera necesario. Servir inmediatamente.

Tiempo que hay que invertir: 15 minutos (+ 30 minutos de tiempo de cocción)
Para acompañar se toma: panecillos integrales
Calorías por ración: 270

Sopa de patata con calabacines

Una sustanciosa sopa con toque mediterráneo

Ingredientes para 4 primeros platos
o para 6 aperitivos:

600 g de patatas (de las que se deshacen)

1 puerro

1 zanahoria pequeña

1 cebolla pequeña

1 cucharadas de mantequilla

1 1/4 de l de caldo de verduras

1 calabacín pequeño

1 manojito de perejil

1 limón sin tratar

4 dientes de ajo

1/2 ñora

1 cucharadas de aceite de oliva

sal y pimienta molida

1 Pelar y lavar las patatas. Cortarlas en daditos. A continuación limpiar y lavar el puerro, pelar la zanahoria y la cebolla, y cortarlo todo en trocitos pequeños.

2 Poner una olla grande al fuego y derretir en ella la mantequilla. Rehogar el puerro, la

zanahoria y la cebolla. Añadir los trozos de patata y dejar que se haga todo entre 1 y 2 minutos, removiendo constantemente. Añadir el caldo y dejar que hierva. Tapar y dejar cocer a fuego lento durante 15 minutos, hasta que las patatas estén blandas.

3 En ese tiempo, lavar el calabacín. Si es muy tierno, basta con cortar las puntas. Si no, hay que pelarlo. Se corta en rodajas y a continuación se pica en trocitos muy pequeños. Enjuagar y escurrir el perejil. Arrancar las hojas. Lavar el limón con agua caliente y cortar la piel. Pelar el ajo. Machacar en el mortero el perejil, la cáscara de limón, el ajo y la ñora. A continuación mezclar el contenido del mortero con el calabacín y el aceite de oliva. Salpimentar.

4 La sopa de la olla se bate con ayuda de la batidora o del robot de cocina. Salpimentar y servir en una sopera. El calabacín picado se pone en boles y se sirve sobre la sopa, para adornarla.

Tiempo que hay que invertir: 30 minutos
Para acompañar se toma: pan de barra integral
Calorías por ración: 225

Crema de pepino con pasta de eneldo

Veraniega y sencilla

Para 4 raciones, como aperitivo:

1 pepino (aproximadamente 400 g)

1 cebolla

2 cucharadas de mantequilla

2 cucharadas de harina integral de trigo

800 ml de caldo de verduras

2 cucharadas de queso fresco para untar

sal y pimienta molida

nuez moscada recién molida

Para la pasta de eneldo:

2 manojos de eneldo

2 cucharadas de aceite de semillas

40 g de semillas de calabaza o girasol

2 cucharaditas de aceite de semillas de calabaza

2 cucharadas de vinagre balsámico, sal

1 Pelar el pepino y cortarle las puntas. Si es muy tierno, se deja la piel. Si no, se pela. Se corta por la mitad y se sacan las pepitas con una cucharita. La cebolla se pela y se corta en trocitos.

2 Derretir la mantequilla en una olla de tamaño mediano y rehogar los dados de pepino y la cebolla unos 2 o 3 minutos. Espolvorear con la harina, mezclar bien y seguir friendo 1 o 2 minutos. Añadir el caldo, remover bien y esperar a que se caliente. Entonces se tapa y se deja cocer a fuego lento durante unos 10 minutos.

3 En ese tiempo se enjuaga y se escurre el eneldo. Se eliminan los troncos más gruesos. A continuación se machaca en el mortero con las semillas de calabaza (o de girasol) y con el aceite de semillas. La pasta del mortero se condimenta con aceite de semillas de calabaza, vinagre balsámico y sal.

4 La sopa se enriquece con el queso fresco y se hace un puré en la misma olla con la batidora. Se condimenta con sal, pimienta y nuez moscada. Se reparte en platos y se adorna con 1 cucharada de pasta de eneldo.

Tiempo que hay que invertir: 25 minutos
Para acompañar se toma: panecillos integrales o rosquillas saladas.
Calorías por ración: 300

Sugerencia:
A la pasta de eneldo se le puede añadir queso fresco y se puede usar para untar el pan, adornada con rodajitas de rábano.

Sopa de miso con verdura y tofu
Una sopa sencilla y rápida

Ingredientes para una comida ligera
para 4 comensales:

1 zanahoria grande, 1 puerro largo y tierno

200 g de setas o níscalos

250 g de tofu

1 cucharada de aceite de sabor neutro

900 ml de caldo de verduras

2 cucharadas de miso (sobre el miso, ver página 53)

2 cucharas de algas (de venta en comercios asiáticos; también se puede prescindir de ellas)

sal, pimienta china o pimienta japonesa (de venta en comercios asiáticos; se pueden sustituir por pimienta negra o guindilla)

1 manojo de cebollinos

1 Pelar la zanahoria a lo largo y cortarla primero en rodajas finas y luego a tiritas. Tras eliminar las raíces y las hojas verdes del puerro, se corta a lo largo y se lava bien,

especialmente entre las hojas. A continuación se corta a tiras finas.

2 Las setas se limpian con papel de cocina. Se eliminan los pedúnculos y se corta el resto a tiras. Trocear el tofu.

3 El aceite se calienta en una olla y se fríen las setas, sin dejar de remover, durante unos 2 minutos. Se añaden el caldo y la verdura cortada. Se deja hervir con el fuego no muy alto entre 3 y 4 minutos, hasta que la verdura está tierna.

4 Ahora se añade el miso, disolviéndolo bien. El tofu y las algas se echan a la sopa y se deja todo cocer a fuego lento durante 2 minutos. Salpimentar. Enjuagar y escurrir los cebollinos. Cortar en anillos muy finos y adornar con ellos la sopa.

Tiempo que hay que invertir: 20 minutos
Calorías por ración: 165

Le recomendamos...
Puede hacer la sopa sin tofu y usar en su lugar 2 huevos escalfados en el mismo caldo. Las yemas se rompen removiendo y se deja que cuajen. Se mezcla todo bien antes de servir. Otra opción es sustituir el tofu por fideos chinos (de venta en comercios asiáticos). Y en lugar de zanahoria y puerro se pueden emplear repollo y rábano. Además, la sopa se puede condimentar adicionalmente con pasta *wasabi*.

Sopa de sémola con coles de Bruselas

Una sopa que llena

Ingredientes para 4 platos grandes:

1 cebolla grande

1/4 de limón sin tratar

1/2 manojito de perejil

3 cucharadas de mantequilla

2 cucharadas de comino (se pueden suprimir si no gusta)

100 g de sémola de trigo duro

1,4 l de caldo de verduras

500 g de coles de Bruselas

75 g de nata

3 cucharadas de piñones

sal y pimienta molida

1 Pelar la cebolla y cortarla en dados pequeños. Lavar el limón con agua caliente y pelarlo. Al pelarlo, quitar sólo la cáscara externa amarilla para que no amargue y cortar también en trocitos pequeños. Lavar y sacudir el perejil. Reservar unas hojas para más tarde y picar bien el resto.

2 Derretir en una olla 2 cucharadas de mantequilla y rehogar la cebolla, la cáscara de limón y el perejil durante 1 o 2 minutos, sin dejar de remover. Añadir el comino y la sémola, y remover bien. A continuación se añade el caldo y se calienta todo. Se tapa a medias y se deja hervir a fuego lento durante 5 minutos.

3 Mientras tanto, se lavan las coles de Bruselas, se cortan los troncos y se eliminan las hojas mustias. Las hojas verdes se separan una por una (aunque esto representa algo de trabajo, la sopa sabe mejor así). Si se prefiere, también se pueden trocear o cortar en rodajas.

4 Se añaden a la olla las coles y la nata, se remueve y se deja que hierva todo durante 15 minutos, hasta que tanto las coles como la sémola estén blandas.

5 Antes de servir se calienta el resto de la mantequilla en una sartén y se tuestan los piñones a fuego no muy alto. Hay que removerlos constantemente para que no se quemen. El resto del perejil se pica bien y se salpimienta la sopa. Se sirve en platos, adornada con piñones y perejil. ¡Buen provecho!

Tiempo que hay que invertir: algo más de media hora (trabajo activo, 25 minutos)
Para acompañar se toma: pan
Calorías por ración: 390

Sopa picante de lentejas con coco

Tan buena como rara

Ingredientes para 4 comensales hambrientos:

1 cebolla, 1 zanahoria

2 o 3 ñoras

2 cucharadas de aceite de sabor neutro

150 g de lentejas

2 cucharaditas de tomate en puré

800 ml de caldo de verduras

200 g de repollo o col china

100 g de tomates cherry

1 lata de leche de coco (400 g)

2 cebollas tiernas, sal

1 Se pelan la cebolla y la zanahorias, y se cortan en dados muy pequeños. Las ñoras se machacan bien en el mortero.

2 Calentar el aceite en la olla y rehogarlo todo bien, sin dejar de remover. Añadir las lentejas, el tomate en puré y el caldo, y mezclarlo todo bien. Se tapa y se deja cocer a fuego lento durante unos 30 minutos.

3 En ese tiempo se lava la col y se cortan las hojas en tiras finas. Se parten por la mitad para que no sean demasiado largas. Los tomates se lavan y se cortan en trozos.

4 Añadirle a la sopa la col y la leche de coco. Dejar que cueza todo 10 o 15 minutos. Lavar y limpiar las cebollas tiernas, cortar las raíces y eliminar las partes mustias. Se cortan en anillos finos y se añaden a la sopa con los tomates. Se calienta todo, se sala y ya está listo.

Tiempo que hay que invertir: 1 hora
Para acompañar se toma: pan de pita o tortitas de maíz
Calorías por ración: 440

Variación:

Sopa de judías pintas
En lugar de las lentejas, se usan 200 g de judías pintas que se ponen en remojo la noche anterior en agua abundante. Al día siguiente se cambia el agua y se hierven durante 1 hora para ablandarlas. A continuación se siguen los pasos que se muestran en la receta. Se puede cambiar la cebolla y la zanahoria por 1 batata pequeña, y se pueden sustituir también las hojas de col por acelgas cortadas en tiras. Al final, la sopa se espolvorea con cilantro recién picado.

Sopa de sémola tostada
Una sopa ligera

Ingredientes para 4 entrantes calientes:
300 g de hortalizas de raíz (colinabo, zanahoria, chirivías y topinambur o aguaturma)
1 manojo de finas hierbas (mezcla de todo: perejil, albahaca, borraja, acedera, rúcula u oruga y melisa)
2 cucharadas de mantequilla
70 g de sémola de trigo duro
1 l de caldo de verduras
2 cebollas tiernas
4 cucharada de nata
sal y pimienta molida

1 Pelar las cebollas y las zanahorias, y cortarlas en dados pequeños. Enjuagar y escurrir las finas hierbas. Separar las hojas. Reservar unas cuantas y cortar el resto en pedazos pequeños.

2 Derretir la mantequilla en una olla. Verter la sémola y rehogarla en la mantequilla durante 2 o 3 minutos, sin dejar de remover.

3 Añadir los dados de verdura y las finas hierbas. A continuación verter el caldo en la olla y remover bien. Se tapa y se deja hervir a fuego lento durante unos diez minutos. Remover de vez en cuando.

4 Tiempo para todo lo demás: lavar y limpiar las cebollas tiernas, cortar las raíces y eliminar las partes verdes mustias. Las cebollas tiernas se cortan en anillos finos. Se pican las hojas que se habían reservado.

5 A la sopa se le añade la nata y se condimenta con sal y pimienta. Se rocía con las cebollas tiernas y las otras hierbas, y se sirve.

Tiempo que hay que invertir: 30 minutos
Para acompañar se toma: pan tostado (blanco o integral)
Calorías por ración: 210

Le recomendamos...
La sopa también se puede hacer con gachas de avena o de centeno. Este tipo de gachas de cereales se puede comprar en tiendas de dietética y comercios naturistas.

Coliflor
al limón
Un clásico alemán

Ingredientes para 4 primeros platos:

1 coliflor mediana

1 limón sin tratar, sal

1 manojo de albahaca o de perejil y rúcula

u oruga mezclados

1 cucharadita de semillas de cilantro

80 g de mantequilla

6 cucharadas de pan rallado

pimienta molida

1 Limpiar la coliflor y eliminar las hojas verdes y el tronco. Lavarla bien y separar los tronquitos. Cortar los tallos que queden en trozos. Se lava con agua caliente el limón, se ralla la piel y se exprime 1 cucharada de zumo.

2 Poner a calentar una olla grande con 1 1/2 l de agua. Añadir el zumo de limón y salar bien.

3 Cuando empiece a hervir, echar en el agua la coliflor y tapar a medias. Reducir el calor a la mitad y dejar que la coliflor hierva durante 10 o 12 minutos. Probar si está ya tierna.

4 Mientras se calienta el agua, se sigue haciendo el resto. Arrancar las hojas de albahaca y cortar bien. Si se usa perejil y rúcula, enjuagar, escurrir y picar bien. Las semillas de cilantro se machacan en el mortero. Derretir la mantequilla en la sartén, sin dejar que se caliente demasiado. Añadir el pan rallado y el cilantro y tostar, sin dejar de remover. Ahora se añaden la cáscara de limón y las finas hierbas, y se fríe un poco más. Salpimentar.

5 La coliflor se escurre en un colador. Cuando ha soltado el agua, se sirve en una fuente caliente, esparciendo el pan rallado por encima.

Tiempo que hay que invertir: 30 minutos
Para acompañar se toma: patatas cocidas o fritas
Calorías por ración: 260

Sugerencia:
Como la verdura se enfría rápidamente, conviene servirla siempre en fuentes o platos calientes. Se pueden calentar metiéndolos en el fregador con agua caliente (y secando luego), o en el horno a 50-70 grados.

Hinojo al zumo
de naranja
Verdura picante en
salsa picante

Ingredientes para 4 comidas ligeras o

para 4 o 6 guarniciones:

4 bulbos de hinojo

1 cebolla roja

4 dientes de ajo

1/4 de manojito de tomillo

2 naranjas (una de ellas, al menos, con

cáscara sin tratar)

2 cucharadas de aceite de oliva

2 cucharaditas de semillas de hinojo

o 1 de semillas de anís

2 cucharadas de licor de naranja (opcional)

sal y pimienta molida

1 Se eliminan las hojas exteriores el hinojo y se cortan las partes mustias. Las partes verdes más tiernas se cortan y se reservan. El hinojo se corta a lo largo en ocho trozos, quitando tanto del tronco como se pueda, sin que se caigan las hojas.

2 Pelar la cebolla y el ajo. La cebolla se parte por la mitad y se corta en tiras. El ajo

se corta en rodajitas. Enjuagar y escurrir el tomillo y separar las hojas. La naranja de cáscara sin tratar se lava con agua caliente. Se le quita un pedazo de la cáscara y se corta a tiras. Se escurren las dos naranjas y se reserva el zumo.

3 Calentar el aceite en una olla grande. Freír bien los trozos de hinojo, junto con las semillas. Al cabo de 5 minutos se añaden la cebolla, el ajo, el tomillo y la cáscara de naranja.

4 Se rocía ahora con el licor y el zumo de naranja. Salpimentar. Se pone a fuego lento, se tapa y se deja cocer entre 6 y 8 minutos hasta que está tierno.

Tiempo que hay que invertir: 35 minutos
Para acompañar se toma: patatas gratinadas, fritas o asadas en el horno
Calorías por ración: 140

Nota: En todas estas recetas se puede emplear en lugar de mantequilla un aceite fino de oliva para rehogar y freír.

Ragú de espárragos con colinabo
Un plato regio

Ingredientes para 4 comidas primaverales:
750 g de espárragos blancos, 2 colinabos
2 cebollas tiernas, 2 dientes de ajo
2 cucharadas de mantequilla
200 ml de caldo de verduras
sal y pimienta molida
nuez moscada recién molida
1 puñado de perifollo o de hierba del canónigo
1 manojo de cebollinos
1 trozo de cáscara de limón que
no esté tratada
75 g de *crème fraîche* o mascarpone

1 Lavar los espárragos y cortar las puntas fibrosas. Apoyar el cortador por debajo de la cabeza del espárrago e ir cortando hacia abajo tira a tira, dándole la vuelta al espárrago hasta que esté pelado del todo. De la parte superior se corta menos, pero en la inferior se quita más de la piel fibrosa. Las cabezas de los espárragos se cortan y se apartan. El resto se trocea en pedazos de unos 3 cm.

2 Pelar el colinabo y eliminar las partes feas. Trocear en dados de 2 o 3 cm. Lavar y limpiar las cebollas tiernas, cortar las raíces y eliminar las partes mustias. Las cebollas tiernas se cortan en anillos gruesos. Pelar los ajos y cortarlos en rodajas finas.

3 En una cazuela se calienta la mantequilla y se rehogan los espárragos troceados (excepto las puntas) con el ajo. Añadir el colinabo y rociar con el caldo de verduras. Se condimenta con sal, pimienta y nuez moscada. Se tapa la cazuela y se deja a fuego lento durante 4 minutos.

4 Añadir las cabezas de los espárragos y los anillos de cebolla, tapar y dejar que se siga haciendo durante otros 6 u 8 minutos, hasta que esté todo tierno. Durante ese tiempo, lavar y enjuagar las finas hierbas. A continuación eliminar los tallos más gruesos del perifollo o la hierba del canónigo y picar bien el resto. Cortar el cebollino en anillos. Picar bien la cáscara de limón.

5 Las hierbas, la cáscara de limón y la *crème fraîche* o el mascarpone se añaden a la verdura. Se prueba y se corrige de sabor si fuera necesario. Servir inmediatamente.

Tiempo que hay que invertir: 40 minutos
Para acompañar se toma: patatas nuevas, pasta o arroz de grano largo (se puede mezclar con arroz integral)
Calorías por ración: 160

Arroz al limón con jengibre

Una alianza italoasiática

Ingredientes para 4 primeros platos o
para 6 entrantes ligeros:

1 lima o limón sin tratar

1 pedazo de jengibre fresco (de unos 2 cm)

4 cebollas tiernas

4 cucharadas de mantequilla

300 g de arroz

1 1/4 de l de caldo de verduras

50 g de queso parmesano recién rallado

sal y pimienta molida

1/2 puñado de perifollo o

unas hojitas de albahaca

1 Lavar y cortar en tiras finas la cáscara de
la lima o el limón. Se reservan 2 tiras y el
resto se pica bien. Exprimir el zumo. El jengibre se pela y se corta en trocitos menudos.
Lavar y limpiar las cebollas tiernas, cortar las
raíces y eliminar las partes mustias verdes.
Las partes verdes tiernas se cortan y se
reservan para más tarde. El resto de la cebolla se corta en anillos.

2 En una cazuela mediana se derrite la
mitad de la mantequilla y se rehogan en ella
durante 1 o 2 minutos los anillos de cebolla
con el jengibre y la cáscara de limón. A continuación se añade el arroz y se sigue removiendo hasta que todos los granos están
bien impregnados.

3 Se añaden 2 cazos de caldo y se baja el
fuego. Se deja que el arroz se haga durante
unos 20 minutos. Se mueve de vez en
cuando y se va añadiendo el resto del caldo
para que no se quede seco.

4 Las partes verdes de la cebolla que se
habían reservado se pican bien junto con el
resto de la cáscara de lima o limón. El resto
de la mantequilla se corta en daditos. A continuación se añade todo al arroz, junto con
el queso, y se remueve bien. El arroz, que ha
quedado algo caldoso, se salpimienta y se
condimenta al gusto con zumo de limón.
Enjuagar y escurrir el perifollo o la albahaca.
Cortarlo en pedazos grandes y rociar sobre el
arroz antes de servir.

Tiempo que hay que invertir: 35 minutos
Para acompañar se toma: queso parmesano
rallado o, como variante asiática, semillas
tostadas de ajonjolí
Calorías por ración: 460

Polenta con queso y setas al tomate

Lujos otoñales

Ingredientes para 4 primeros platos:

1/2 l de caldo de verduras

1/2 l de leche descremada

200 g de sémola de maíz (polenta)

150 g de queso tierno (recomendamos los
italianos de Taleggio, Fontina o Montasio,
pero vale cualquiera)

1 cucharada de mantequilla

sal y pimienta molida

Para las setas:

500 g de setas o champiñones

1 cebolla

2 dientes de ajo

1/4 de manojito de tomillo

2 cucharadas de aceite de oliva

1 lata de tomates pelados (400 g)

sal y pimienta molida

1 En una cazuela se pone a hervir el caldo
con la leche para preparar la polenta.
Cuando hierve, se añade la sémola, se pone

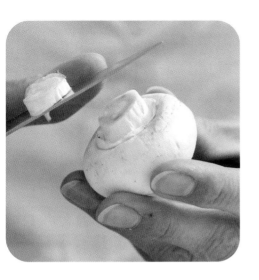

a fuego lento y se cuece durante unos minutos, sin dejar de remover. Se tapa y se deja que se hinche durante 20 minutos. De vez en cuando habrá que destapar y remover para que no se apelmace.

2 Mientras tanto se preparan las setas. Se limpian en seco con papel de cocina, se eliminan los pies y se cortan en trozos pequeños. Pelar los ajos y la cebolla, y cortarlos en trocitos. Lavar y escurrir el tomillo y separar las hojitas.

3 El aceite se pone a calentar en una cazuela y en él se rehogan las setas durante unos minutos. Añadir el tomillo, la cebolla y el ajo, y seguir removiendo mientras se hacen. Los tomates de lata se cortan en trozos y se añaden a las setas junto con su jugo. Se salpimientan, se ponen a fuego lento y se deja que cuezan unos 10 minutos.

4 Volvemos a la polenta y cortamos el queso y la mantequilla en daditos. Se añaden ambos ingredientes a la sémola, que se vuelve a tapar y se deja unos minutos hasta que el queso se derrita. Ahora se remueve todo, se salpimienta y se sirve acompañado de los champiñones.

Tiempo que hay que invertir: 30 minutos
Para acompañar se toma: ensalada verde
Calorías por ración: 485

Hinojo con mijo y romero
Fácil y exótico

Ingredientes para 4 primeros platos:

2 bulbos de hinojo

1 cebolla roja

3 ramitas de romero

200 g de tomates

300 g de mijo

2 cucharadas de aceite de oliva

1 cucharadita de semillas de hinojo

2 cucharadas de anís (opcional)

700 ml de caldo de verduras

sal y pimienta molida

100 g de hojas de achicoria o endibia

4 cucharadas de parmesano

1 Lavar y limpiar bien el hinojo. Se corta a lo largo en 4 trozos y se elimina una parte del tronco duro. Se corta en tiras de 1 cm de ancho. Pelar y partir la cebolla en 4 trozos. De esos trozos se hacen tiras finas. Enjuagar y escurrir el romero y picarlo bien. Lavar y cortar los tomates a daditos. Al cortar hay que eliminar los pedúnculos. Lavar y escurrir el mijo en un colador.

2 El aceite se calienta en una cazuela y en él se rehogan la cebolla, el hinojo, el romero y las semillas de hinojo durante 2 o 3 minutos. Remover constantemente.

3 A continuación se añaden el anís y el mijo. Añadir el caldo de verdura y los tomates. Salpimentar. Se tapa y se deja cocer a fuego lento durante 20 minutos, hasta que el mijo está listo. De vez en cuando se destapa y se remueve para que no se apelmace el mijo.

4 Mientras termina de hacerse, se lavan la achicoria o las endibias, se escurren y se cortan a tiras. Se añaden al mijo con el queso parmesano, se tapa todo y se deja 2 o 3 minutos más. Ahora hay que probar, corregir de sabor si fuera necesario y servir.

Tiempo que hay que invertir: 40 minutos
Para acompañar se toma: queso parmesano rallado
Calorías por ración: 450

Le recomendamos...
El mijo se puede sustituir por bulgur. La preparación y los tiempo de cocción son iguales.

Empanadillas tirolesas

Un plato austriaco con perejil

Ingredientes para 4 primeros platos:

150 g de harina de centeno

150 g de harina de trigo

sal

4 huevos grandes

300 g de perejil (se puede sustituir por perifollo, ajetes, rúcula u oruga o espinacas, que es lo que lleva la receta original)

1 cebolla

2 dientes de ajo

100 g de mantequilla

125 g de quark (requesón), *ricotta* o queso fresco para untar

100 g de queso rallado (el mejor es uno curado)

pimienta molida

nuez moscada recién molida

1 Mezclar en un bol las dos clases de harina con 1 cucharadita de sal. Añadir 3 huevos y 1 cucharada de agua fría. Con todo esto se hace una masa (a mano o con la batidora). Amasar bien hasta que la masa tenga la consistencia adecuada. Tiene que ser blanda y moldeable, pero no se ha de quedar pegada a los dedos. Se queda muy seca, se puede corregir añadiéndole agua a cucharaditas. Si queda muy pringosa, se puede ir espolvoreando harina poco a poco. Cuando esté bien, se hace una bola con la masa y se envuelve con un paño de cocina. Se reserva y mientras tanto hacemos el relleno.

2 Enjuagar y escurrir el perejil. Eliminar los tallos más gruesos. En una olla se pone a calentar agua con sal. Se hierve en ella el perejil durante 1 o 2 minutos, hasta que se blandea. Se saca y se enjuaga en un colador con abundante agua fría. Se escurre bien y se pica en trozos muy pequeños.

3 Pelar y cortar las cebollas y los ajos en trozos muy pequeños. En una sartén se derrite 1 cucharada de mantequilla y se rehogan el ajo y la cebolla durante 2 o 3 minutos. No hay que dejar que se tuesten demasiado. Se sacan de la sartén y se ponen en un bol con el perejil, el *quark* (o sus sustitutos) y la mitad del queso. Se añade el huevo que queda, se condimenta con sal, pimienta y nuez moscada y se mezcla todo bien.

4 Volvemos a la masa: se van tomando pedazos de masa (el resto se deja envuelto en el paño) y se amasa muy fino con el rodillo. Con un vaso o una taza se cortan en la masa círculos de unos 8 cm de diámetro. En la mitad de cada círculo se coloca una cucharadita de relleno. La masa se dobla y los extremos se aplastan con un tenedor.

5 En una olla grande se pone a calentar abundante agua con sal. Cuando hierve, se van sumergiendo las empanadillas poco a poco con ayuda de una espumadera. Se dejan hervir unos 4 minutos.

6 En ese tiempo se pone la mantequilla en una sartén y se tuesta ligeramente. Cuando se van sacando las empanadillas de la olla, se dejan escurrir en un colador. Una vez escurridos, se sirven en platos hondos precalentados y se rocían con la mantequilla tostada. Se espolvorean con el resto del queso y se comen inmediatamente.

Tiempo que hay que invertir: 1 hora y media
Para acompañar se toma: ensalada verde
Calorías por ración: 680

Variación:

Bolsitas de col

Esta masa se hace sólo con harina de trigo, por lo que probablemente no se secará y no será necesario añadirle agua. Con el rodillo se extiende la masa tan fina como sea posible y se cortan en ella cuadrados de tamaño irregular. Se limpian unos 700 g de repollo o col china, se lavan y se eliminan los troncos más gruesos. La col también se corta en cuadrados y se fríe en 2 cucharadas de aceite de sabor neutro. Se le añade 1 manojo de perejil picado con 1 cucharadita de semillas de comino y 1 vasito de caldo de verduras. Se tapa y se deja que haga entre 5 y 8 minutos, hasta que la col esté tierna. Mientras tanto se hierven los recortes de masa en agua con sal durante unos 3 minutos. Se escurren. La col se salpimienta, se añade la pasta y se rehoga todo un poco en la sartén. Se sirve en la misma sartén.

Un detalle importante:

Aunque se precisa un poco de habilidad para rellenar las empanadillas, con práctica se aprende rápido. Se pueden hacer más cantidades y congelar el sobrante, para aprovecharlo más adelante. Las empanadillas congeladas se sumergen en agua hirviendo con sal durante 1 o 2 minutos y ya están listas.

Platos con pasta que
se combinan con...

Crema de pimientos con queso

Primero se corta la
verdura y luego se
cuece la pasta

Plato rápido para 4 comensales:

1 pimiento rojo grande, 2 cebollas

2 cucharadas de aceite de sabor neutro

2 cucharaditas de pimentón dulce y

otras 2 de pimentón picante

4 cucharadas de nata sin azúcar, sal

1 manojo de cebollinos

4 cucharadas de queso fresco granulado

1 El pimiento se lava, se limpia y se corta en tiras. Las cebollas se pelan, se parten y también se cortan en tiras.

2 Calentar el aceite en una cazuela y rehogar unos minutos el pimiento y la cebolla. Añadir el pimentón y remover. Añadir 1 cazo del agua de hervir la pasta, tapar y dejar durante 3 o 4 minutos. Añadir la nata y salar. Enjuagar, escurrir y cortar en trocitos el cebollino.

3 La salsa de pimiento se añade a la pasta. Se espolvorea todo con el queso y el cebollino. Se remueve bien y ya está listo para comer.

Tiempo que hay que invertir: 20 minutos
Para acompañar se toma: pasta corta (peso crudo, 500 g)
Calorías por ración: 90 (sin contar la pasta)

Coliflor picante con pasas

La pasta se hace antes
de empezar a preparar
la coliflor

Ingredientes para 4 platos fuera de lo común:

400 g de coliflor

1/2 cucharada de zumo de limón, sal

2 cucharadas de pasas, entre 2 y 4 ñoras

4 cucharadas de aceite de oliva

4 cucharadas de piñones

1/2 manojo de perejil

1 Lavar la coliflor (usar sólo los cogollos). Calentar en una olla 1/2 l de agua con el zumo de limón y 1 cucharadita de sal. Echar la coliflor, tapar y cocer 8 minutos a partir de que rompa a hervir el agua. Escurrir.

2 Mientras que la coliflor se hace, poner las pasas en remojo con un poco de agua y picar las ñoras. Calentar el aceite en una sartén. Tostar los piñones en ese aceite. Sacarlos cuando estén listos.

3 En la misma sartén se echan la coliflor, las pasas escurridas y las ñoras. Se rehoga todo 2 o 3 minutos. El perejil se lava y se escurre. A continuación se pica bien. Se mezcla con la coliflor y los piñones, y se sala. Este arreglo se añade a la pasta y ya está lista para comer.

Tiempo que hay que invertir: 30 minutos
Para acompañar se toma: pasta corta (peso seco, 500 g), queso parmesano rallado y un chorrito de aceite de oliva
Calorías por ración: 240 (sin contar la pasta)

Zanahorias con crema de estragón

Hacer la pasta cuando
las zanahorias estén
en la cazuela

Ingredientes para 4 con prisa:

400 g de zanahorias

8 ramitas de estragón

2 cucharadas de mantequilla

1 vasito de vino blanco, sidra o caldo de verduras

125 g de queso fresco

sal y pimienta molida

1 pellizco de pimentón rojo picante

2 cucharaditas de zumo de limón

1 Pelar las zanahorias y cortarlas a lo largo en rodajas primero y luego en tiras. Las tiras se parten en trozos de unos 5 cm. Enjuagar y escurrir el estragón y picarlo bien.

2 Derretir la mantequilla y rehogar en ella las zanahorias durante unos 3 o 4 minutos. A continuación añadir el vino, la sidra o el caldo, tapar y dejar que se sigan haciendo durante otros 5 minutos.

3 Añadir el queso fresco y el estragón a las zanahorias. Condimentar con sal, pimienta, pimentón y zumo de limón. Añadir inmediatamente a la pasta recién preparada y servir.

Tiempo que hay que invertir: 20 minutos
Para acompañar se toma: espaguetis integrales (peso seco, 500 g) y queso parmesano rallado
Calorías por ración: 200 (sin contar la pasta)

Salsa de mantequilla con cebolla y nueces

Hacer la pasta cuando las cebollas estén en la cazuela

Ingredientes para 4 raciones minimalistas:

400 g de cebollas

2 puñados de nueces peladas

4 cucharada de mantequilla

sal y pimienta molida, 1 manojito de perejil

1 Se pelan las cebollas, se parten y se cortan en tiras. Las nueces se rompen en trocitos. Derretir la mitad de la mantequilla en una cazuela y rehogar las cebollas a fuego lento durante unos 8 minutos, hasta que estén doradas. Añadir las nueces y el resto de la mantequilla. Salpimentar.

2 Lavar y escurrir bien el perejil y picar las hojas en trozos grandes. Añadirlo a las cebollas. Esta salsa se rocía sobre la pasta y se sirve inmediatamente.

Tiempo que hay que invertir: 20 minutos
Para acompañar se toma: pasta corta o espaguetis (500 g) y queso parmesano rallado
Calorías por ración: 140 (sin contar la pasta)

Verduras con semillas de amapola

Hervir la pasta y cocer las verduras

Ingredientes para 4 amantes del experimento:

1 pimiento rojo, 250 g de hojas de repollo, sal

2 dientes de ajo, 4 cucharadas de mantequilla

4 cucharadas de semillas de amapola (de venta en supermercados bien surtidos)

1/2 cucharada de pimentón dulce

1/2 cucharada de pimentón picante

2 cucharadas de *quark* (requesón)

2 cucharadas nata agria o yogur sin azúcar

1 El pimiento y el repollo se lavan y se cortan en tiras. Se hierven durante 2 o 3 minutos en agua y se escurren. Pelar y cortar los ajos.

2 Freír con mantequilla las semillas de amapola y el ajo 1 o 2 minutos. Añadir la verdura y mezclar bien. Salar y espolvorear con el pimentón. Añadir a la pasta y servir en platos. Mezclar el *quark* y la nata, y adornar cada plato con una cucharada de esa mezcla.

Tiempo que hay que invertir: 20 minutos
Para acompañar se toma: pasta corta (500 g)
Calorías por ración: 185 (sin contar la pasta)

Pasta con cúrcuma y verduras

Una coproducción italoindia

Ingredientes para 4 primeros platos:

1 berenjena pequeña

1 pimiento rojo, 1 puerro

2 dientes de ajo

2 cucharadas de aceite de sabor neutro o

mantequilla

1 vasito de caldo de verduras

2 cucharaditas de *garam masala* u otra

mezcla de especias picantes

sal, 1 pizca de pimienta cayena

1 cucharada de cúrcuma

500 g de espaguetis o tallarines

2 cucharadas de nata o yogurt

unas hojitas de menta o perejil

1 Lavar y limpiar la berenjena y el pimiento. La berenjena se corta en daditos. El pimiento se parte en 4 trozos y con los trozos se hacen tiritas estrechas. Cortar los raíces del puerro y las partes verdes mustias. Se abre a lo largo y se lava bien. A continuación se cortan en tiras. Pelar los ajos y cortarlos en rodajas delgadas.

2 Se pone a calentar una cazuela grande con el aceite o la mantequilla. Se fríen los dados de berenjena durante unos 2 minutos, sin dejar de remover. Añadir el puerro, el pimiento y el ajo, y seguir removiendo mientras se hacen. Añadir el caldo de verdura y condimentar la mezcla de verduras con el *garam masala,* la sal y la pimienta cayena. Se tapa la cazuela y se deja a fuego lento durante 10 minutos.

3 Mientras se va haciendo la verdura, se pone una olla grande con agua a calentar. Cuando hierva, echar la sal y la cúrcuma, y añadir la pasta. Se deja que se haga la pasta *al dente,* siguiendo las instrucciones del envase. Tardará unos 8 minutos, pero es conveniente probar de vez en cuando para que no se pase.

4 Añadir la nata o el yogur, probar y corregir de sabor, si fuera necesario. Enjuagar y escurrir las finas hierbas. Cortar en trocitos. Ahora se escurre la pasta, se le añade la salsa de verdura y se mezcla todo bien. Se reparte en platos calientes y se adorna con las finas hierbas. Ya está listo para comer.

Tiempo que hay que invertir: 40 minutos
Para acompañar se toma: yogur con pepino y albahaca
Calorías por ración: 545

Cazuelita de pasta con espinacas

Herencia de la cocina tailandesa

Ingredientes para 4 primeros platos:

375 g de espinacas congeladas

350 g de tirabeques, 3 dientes de ajo

1 pedazo de jengibre fresco (de unos 3 cm)

1 guindilla roja

1 trozo de cáscara de naranja sin tratar

400 g de espaguetis o tallarines

2 cucharadas de aceite de sabor neutro

1 vasito de caldo de verdura

4 cucharadas de salsa de soja

2 cucharaditas de miel, sal

1/4 de manojito de albahaca

1 Las espinacas se sacarán del congelador por la mañana. Se deja que se descongelen fuera de la caja en un colador, para que escurran.

2 Lavar los tirabeques y cortar las puntas. Pelar el jengibre y los ajos, y cortarlos en trocitos. Lavar la guindilla y eliminar el rabo. Cortar a lo largo, sacar las semillas y picar. La cáscara de limón también se pica.

3 En una olla se pone a hervir abundante agua para la pasta. Cuando hierva, se echa la pasta y se deja que hierva durante 4 minutos. Se saca y se enjuaga en un colador con abundante agua fría. Se deja que escurra.

4 Mientras que se hace la pasta, calentar el aceite en una sartén y rehogar en él el ajo, el jengibre y la guindilla. Añadir los tirabeques y rehogar brevemente. Separar las espinacas y mezclar con el caldo, la salsa de soja y la miel. Añadir a la sartén. Salar la verdura, tapar y dejar que se haga a fuego lento entre 4 y 6 minutos.

5 Lavar el perejil y sacudirlo para quitarle el agua. Picar las hojas. Mezclar la pasta con la cáscara de naranja y añadir a la verdura. Dejar que se caliente todo nuevamente. Si hiciera falta, condimentar con salsa de soja o con sal. Antes de servir se rocía con albahaca.

Tiempo que hay que invertir: 25 minutos (sin contar el tiempo que tardan en descongelarse las espinacas)
Calorías por ración: 495

Sugerencia:

Se puede hacer con 700 g de espinacas frescas, que se limpiarán y se pondrán a hervir en agua hirviendo con sal. Se asustan con agua fría y se escurren bien. A continuación se siguen los pasos indicados en la receta.

Pasta con ragú de lentejas
Un plato árabe picante y sabroso

Ingredientes para 4 primeros platos:

1 manojo de cebollas tiernas

300 g de tomates

1 cucharadas de aceite de oliva

200 g de lenteja pequeña

1/2 l de caldo de verduras

2 cucharaditas de *harissa* (pasta de guindilla picante, de venta en comercios orientales)

2 cucharaditas de miel

1/2 manojito de albahaca

2 dientes de ajo

150 g de yogur

sal

500 g de pasta corta (p. ej., macarrones)

1 Lavar las cebollas tiernas, cortar las raíces y eliminar las partes verdes mustias. El resto se corta en anillos finos. Se reserva 1 cucharada de anillos verdes. Lavar y cortar los tomates a daditos. Al cortar hay que eliminar los ombligos.

2 Calentar el aceite en una sartén y rehogar los anillos de cebolla. Añadir las lentejas hasta que estén bien impregnadas en la grasa. Añadir el caldo y los tomates a la sartén y condimentar con *harissa* y miel. Tapar y dejar que se cueza todo a fuego lento durante unos 40 minutos, hasta que las lentejas estén hechas (pero no deshechas). Si no estuvieran listas al cabo de ese tiempo, probablemente habrá que añadir algo de agua para que no se sequen.

3 Mientras tanto, el perejil se lava y se escurre. A continuación se pica bien. Pelar y machacar el ajo. Mezclarlo en un bol con la albahaca, las partes verdes de la cebolla y el yogur. Remover bien y salar.

4 Poner a hervir agua abundante con sal para la pasta. Cocer en ella la pasta siguiendo las instrucciones del envase.

5 Salar el ragú de lentejas. Escurrir la pasta y repartir en platos hondos. A continuación se recubre la pasta con ragú de lentejas y se adorna cada plato con una cucharada de yogur. Ya está listo. El resto del yogur se pone en un cuenco aparte.

Tiempo que hay que invertir: algo más de media hora (trabajo activo, sólo 15 minutos)
Para acompañar se toma: ensalada de tomate o de pepino
Calorías por ración: 710

Patatas cocidas con ensaladas

Frescor veraniego

Ingredientes para 4 primeros platos:

1,2 kg de patatas del mismo tamaño (da igual la clase, aunque recomendamos patatas nuevas)

Para la ensalada de queso:

300 g de queso camembert o similar

1 manojo de cebollas tiernas

peras jugosas (250 g)

1 cucharada de zumo de limón

2 cucharaditas de almíbar de pera o manzana (puede sustituirse por otro almíbar de lata)

3 cucharadas soperas de buen vinagre de vino blanco

2 cucharadas de zumo de pera o manzana

sal y pimienta molida

4 cucharadas de aceite de semillas

Para la ensalada de rabanitos:

1 manojo de rábanos, 1 manojo de cebollinos

2 cucharaditas de mostaza dulce

250 g de nata sin azúcar

1 cucharada de zumo de limón, sal

pimienta molida, 1 pizca de comino molido

1 Lavar y limpiar bien las patatas y ponerlas en una olla sin pelar. Cubrir hasta la mitad con agua y poner a hervir. Cuando empiece a hervir se baja el fuego, se tapa y se deja que se hagan durante unos 20 minutos.

2 Tiempo para hacer las ensaladas: el queso se corta en rodajitas finísimas y pequeñas, de aproximadamente 1 cm. Lavar las cebollas tiernas, cortar las raíces y eliminar las partes verdes mustias. Las cebollas tiernas se cortan en anillos finos. Las peras se parten en 4 trozos y se pelan. Se eliminan las semillas. A continuación se cortan en rodajitas finas y se mezclan con el zumo de limón. El almíbar se mezcla con el vinagre, el zumo, la sal y la pimienta. Poco a poco se añade el aceite batiendo con un tenedor. Esta salsa se añade a la ensaladera con el queso, la cebolla y la pera.

3 Para la segunda ensalada se lavan los rabanitos y se eliminan las raíces y las hojas. Se cortan en rodajitas muy finas. Enjuagar los cebollinos, escurrirlos y cortar en rebanaditas pequeñas. Hacer una mezcla con la mostaza, la nata y el zumo de limón. Condimentar con sal, pimienta y comino. Mezclar los rabanitos y los cebollinos, y aderezarlos con esta mezcla.

4 Ahora se escurren las patatas y se sirven enteras en una fuente, con las ensaladas.

Tiempo que hay que invertir: 35 minutos
Calorías por ración: 525

Estofado de patatas y setas

Mucho sabor por poco trabajo

Ingredientes para 4 primeros platos:

800 g de patatas (que no se deshagan)

1/2 pepino (aproximadamente 300 g)

400 g de setas o champiñones pequeños

1 manojo de cebollas tiernas

2 cucharadas de mantequilla

1/4 de l de caldo de verduras

1/2 manojo de eneldo, 1/2 de perejil y otro

1/2 de borraja, perifollo o albahaca

125 g de queso fresco

sal y pimienta molida

1 pizca de comino molido

1/2 cucharadita de pimentón dulce

1 Pelar y lavar las patatas y cortarlas en dados de unos 2 cm. Pelar el pepino y partirlo en dos a lo largo. A continuación partirlo en rodajas de 1 cm. Las setas se limpian en seco con papel de cocina. Se les cortan los pies. Las que sean muy pequeñas se dejan enteras; las más grandes se parten por la mitad. Lavar y limpiar las cebollas tiernas,

cortar las raíces y eliminar las partes verdes
mustias. El resto de las cebollas se corta en
rodajas de 1 o 2 cm y se parte por la mitad.

2 Se pone una cazuela grande a calentar y
se derrite en ella la mantequilla. Cuando esté
caliente se echan las patatas y se rehogan
1 o 2 minutos. Se añaden las setas y se rehogan otro minuto. A continuación se echan las
cebollas y el pepino, y se fríen todo brevemente. Añadir el caldo de verduras, bajar el
fuego y tapar. Dejar que se haga todo entre
15 y 20 minutos, hasta que las patatas estén
blandas (pinchar con la punta del cuchillo).

3 Durante ese tiempo se enjuaga y se escurren las finas hierbas y se pican las hojas. Se
mezclan con el queso fresco y se añaden a
las patatas. Condimentar con sal, pimienta,
comino y pimentón, y ya está listo.

Tiempo que hay que invertir: 40 minutos
Para acompañar se toma: ensalada verde
Calorías por ración: 320

Le recomendamos...

Puede sustituir las setas por acelgas. Se
lavan, se eliminan los tallos gruesos y se
pican las hojas. Los tallos más tiernos se
parten en trocitos. Se pone todo en agua
hirviendo durante 1 o 2 minutos, se escurre
y se hace con las patatas.

Puré verde de patatas
Un prodigio de puré

Ingredientes para 4 primeros platos:

1 kg de patatas (las mejores son las que
se deshacen, pero también se pueden usar
las más duras)

sal

2 manojo de cebollas tiernas

1 manojo de rúcula u oruga

1 manojo de berros

300 ml de leche

50 g de mantequilla

pimienta molida

1 Lavar, pelar y cortar las patatas en trozos
grandes. Se ponen a calentar en una olla
cubiertas con agua y con 1 cucharadita de
sal. Cuando hierva el agua, se tapan y se
hacen a fuego no muy fuerte durante unos
15 minutos.

2 En ese tiempo se prepara el resto. Lavar y
limpiar las cebollas tiernas, cortar las raíces
y eliminar las partes mustias. Las partes
verdes se cortan en tiras de 1 cm de ancho.
Las partes blancas y las verdes más claras se

cortan en anillos. Eliminar todas las hojas
mustias de la rúcula y cortar los tallos más
gruesos. Lavar la rúcula y sacudirla para que
suelte el agua. Cortar los berros.

3 Se pone la leche en una cazuela y se
calientan en ella la mantequilla y los anillos
de cebolla. A continuación se añaden los
trozos de cebolla tierna.

4 Las patatas se escurren y se pasan por el
pasapurés. Se les añade la leche y se
remueve todo. El puré se salpimienta. Se le
añaden la rúcula y los berros. Se prueba y se
corrige de sabor, si fuera necesario.

Tiempo que hay que invertir: 30 minutos
Para acompañar se toma: judías verdes al
vapor, espárragos verdes rehogados, tiras de
pimiento frito o setas a la plancha
Calorías por ración: 305

Le recomendamos...

Antes de servir se puede rociar con rúcula y
berro. O también se puede sustituir la rúcula
por 1 manojo grande de hierba del canónigo,
que se lava y se limpia, se pica y se añade al
puré poco antes de servirlo.

Ñoquis con piñones en salsa rosa
Sinfonía de color

Ingredientes para 4 comensales hambrientos:

800 g de patatas (de las blandas)

1 cucharada de aceite de oliva

4 cucharadas de piñones

1 trozo grande de cáscara de limón
que no esté tratada

unas hojitas de albahaca

150 g de sémola de trigo duro (puede
ser integral)

20 g de almidón de cocina

2 yemas de huevos grandes

sal y pimienta molida

Para la salsa:

1 remolacha cocida (de unos 150 g, puede ser
ya preparada o fresca y cocida por nosotros)

150 ml de caldo de verdura, 100 g de nata

sal, pimienta cayena

1 Lavar las patatas y ponerlas a hervir sin
pelar. Tardarán unos 20 minutos en hacerse
(el tiempo depende del tamaño). Se pinchan
para probar si ya están.

2 Calentar el aceite de oliva en una sartén
pequeña y rehogar los piñones durante 1 o
2 minutos, hasta que se tuesten, sin dejar de
remover. Se sacan y se machacan en el mortero con la cáscara de limón y la albahaca.

3 Escurrir las patatas y dejar que se enfríen
un poco. Se pelan mientras están aún calientes y se pasan por el pasapurés. Dejar que
se enfríe el puré. Cuando esté frío, se le
añade la sémola, la mezcla del mortero, el
almidón, las yemas de huevo, la sal y la
pimienta. Se amasa todo. Se prueba para ver
si está bien de sal. Si falta algo, se añade.

4 Con esa masa se hacen rollos de un dedo
de grosor y se cortan en trozos de unos 3 cm.
En una olla grande se pone a calentar abundante agua con sal. Cuando hierva se echan
los ñoquis. Se pone a fuego lento y se deja
que se hagan, sin tapar, unos 10 minutos.

5 En ese tiempo se hace la salsa: se pela la
remolacha, se corta en trozos y se hace puré
con la batidora, mezclándola con el caldo de
verdura. Se añade la nata y se calienta a
fuego lento en una cazuela. Se condimenta
con sal y pimienta cayena. Antes de servir, se
pone un poco de salsa en platos hondos. Los
ñoquis se sacan directamente de la olla con
la espumadera y se sirven sobre la salsa.

Tiempo que hay que invertir: 1 hora y cuarto
Para acompañar se toma: queso parmesano
rallado
Calorías por ración: 505

Alforfón con ajetes y queso
Sabroso y sencillo

Para 4 raciones, como primer plato:

250 g de alforfón o trigo sarraceno

2 puerros largos

2 cucharadas de mantequilla

1/2 l de caldo de verduras

1 manojo grande de ajetes o ajos verdes

1 cucharada de *crème fraîche,* mascarpone
o *ricotta* (pueden sustituirse por un queso
para untar)

sal y pimienta molida

Para el queso:

entre 4 y 8 lonchas de queso de *raclette*
de 1 cm de grosor (en total, 400 g)

1 cucharada de mostaza dulce

1 cucharada de mostaza picante

50 g de pan rallado

2 cucharadas de mantequilla

1 Poner el alforfón en un colador, lavarlo con
agua fría y dejar que escurra. Cortar las
raíces del puerro y las partes verdes de
arriba. Se corta a lo largo y se lava bien,

especialmente entre las hojas. Los trozos se cortan en tiras estrechas.

2 En una cazuela se derrite la mantequilla y se rehoga el puerro. A continuación se añade el alforfón y se fríe brevemente. Añadir el caldo, tapar y dejar cocer a fuego lento durante 20 minutos, hasta que el alforfón está listo.

3 Mientras tanto, lavar, escurrir y picar los ajetes. Cortar la corteza del queso. Mezclar los dos tipos de mostaza y pincelar el queso con la mezcla.

4 Añadir el queso fresco (o su sustituto) al alforfón, salpimentar y mantener caliente. Las rebanadas de queso se empanan, la mantequilla se calienta en una sartén grande y el queso se fríe bien con el fuego alto aproximadamente 1 minuto por cada cara. El alforfón se sirve en platos hondos, se cubre con 1 rebanada de queso y ya está listo.

Tiempo que hay que invertir: 30 minutos
Para acompañar se toma: ensalada, espinacas o pepinos troceados con salsa de crema
Calorías por ración: 745

Le recomendamos...
Las rodajas de queso se pueden poner en la bandeja del horno, pinceladas con un poco de aceite para que se tuesten antes de servir.

Potaje de garbanzos y hortalizas
Los garbanzos se ponen a remojo el día anterior

Ingredientes para 4 primeros platos:

300 g de garbanzos, 4 cebollas pequeñas

1 pimiento rojo y 1 verde o amarillo

2 calabacines, 6 cucharadas de aceite de oliva

1 lata de tomates pelados (400 g)

1 vasito de caldo de verduras

sal, 1 pizca de azúcar

1/2 manojo de hierbabuena y 1/2 de albahaca

2 guindillas rojas, 4 dientes de ajo

1 Los garbanzos se ponen en remojo el día anterior. Al día siguiente se escurren y se ponen a calentar en una olla con agua. Se tapan y se deja que hiervan entre 1 hora y hora y media.

2 Pelar y partir las cebollas en 4 trozos. Lavar el pimiento, partirlo por la mitad y quitar las pieles interiores y las semillas. Cortar a tiras. Los calabacines se lavan, se limpian (si son muy tiernos, se pueden dejar con piel; si no, es mejor pelarlos) y se cortan en rodajas de 1 cm de grosor.

3 Poner a calentar una cazuela grande con 2 cucharadas de aceite. Sofreír la verdura y las cebollas, sin dejar de remover. Los tomates de lata se parten en trozos pequeños y se añaden a la cazuela con su propio jugo, junto con el caldo de verduras. Ahora se escurren los garbanzos y se añaden también. El guiso se condimenta ahora con sal y azúcar, se tapa y se deja otros 10 o 12 minutos para que se haga bien la verdura.

4 Enjuagar y escurrir la hierbabuena y la albahaca. Separar las hojas y picarlas bien. Lavar las guindillas, quitarles el rabo y cortarlas en anillos. Pelar los ajos y cortarlos en rodajas finas. Se pone a calentar el resto del aceite. Antes de que esté demasiado caliente se rehogan en él las guindillas y el ajo durante 1 o 2 minutos, sin dejar que se tuesten. A continuación se añaden al potaje las finas hierbas, reservando un resto para adornar. Se sirve en una sopera, rociando por encima el aceite con guindilla y espolvoreando el resto de las hierbas.

Tiempo que hay que invertir: 30 minutos (+ tiempo de remojo y cocción de los garbanzos)
Para acompañar se toma: pan y queso de oveja para espolvorear por encima
Calorías por ración: 415

Le recomendamos...
El mismo potaje se puede hacer con judías blancas o judías pintas. Y las hortalizas se pueden modificar, según la estación.

Un detalle importante:

Si sobran, las albóndigas se pueden cortar en rebanadas y freír en aceite o mantequilla. Para acompañar se toma ensalada.

Albóndigas de rúcula con crema de setas

Un plato de alta cocina

Ingredientes para 4 primeros platos:

8 panecillos integrales duros (del día anterior)

400 ml de leche

1 manojo grande de rúcula u oruga

1 puerro

1 cucharada de mantequilla

3 huevos grandes

sal y pimienta molida

nuez moscada recién molida

Para la crema de setas:

800 g de setas o champiñones (puede

hacerse una mezcla de varias clases

o emplear una sola)

1 cebolla grande

1/2 manojito de perejil

1 trozo de cáscara de limón que

no esté tratada

2 cucharadas de mantequilla

150 g de nata

2 cucharaditas de mostaza picante

sal, 1 pizca de comino molido

104

1 Primero hay que hacer las albóndigas. Los panecillos se cortan en rodajas y se ponen en una fuente. Se rocían con la leche, templada previamente. Se dejan en remojo 15 minutos, hasta que se hayan empapado bien.

2 En ese tiempo, se eliminan todas las hojas mustias de la rúcula y se cortan los tallos más gruesos. Se lava, se escurre y se pica bien. Cortar las raíces del puerro y las partes verdes mustias. Los puerros se parten a lo largo y se enjuagan bien bajo el chorro de agua. Después de enjuagarlos, se cortan en tiras estrechas. Se pone a derretir la mantequilla en una sartén y se rehogan los puerros a fuego lento durante 2 o 3 minutos, sin dejar de remover.

3 Los puerros rehogados y la rúcula se ponen en la fuente de los panecillos. Se añaden los huevos, la sal, la pimienta y la nuez moscada. Se amasa todo bien con las manos hasta que la masa esté lo suficientemente compacta como para hacer albóndigas. Se hacen entre 8 y 12 albóndigas, dependiendo de lo grandes que salgan.

4 Llenar una olla de boca ancha con agua y ponerla a calentar. Mientras se calienta, se limpian las setas en seco con papel de cocina y se les cortan los pies. Cuando sean duros, se elimina todo el pie. Las setas o champiñones se cortan el rodajitas o tiras finas. Pelar las cebollas y cortarlas en daditos.

5 Salar el agua hirviendo y meter las albóndigas. Se baja la llama, se tapa, dejando un resquicio para que salga el vapor, y se dejan las albóndigas en el agua entre 15 y 20 minutos, dependiendo del tamaño. El agua no tiene que hervir con mucha intensidad (se romperían las albóndigas).

6 Ahora se sigue con las setas. Lavar el perejil y sacudirlo para quitarle el agua. Picar las hojas. Picar bien la cáscara de limón. Se pone a derretir la mantequilla en una cazuela de boca ancha, y se rehogan las setas un par de minutos. Ahora se añade la cebolla, la cáscara de limón y el perejil (reservando un poco para adornar). Se tapa, se baja el fuego y se deja que se hagan unos 10 minutos.

7 A continuación se añade la nata y se le da un hervor. Se condimenta con la mostaza, la sal y el comino.

8 Las albóndigas se van sacando con la espumadera y se depositan en una fuente caliente. La salsa de setas se sirve en una salsera aparte. Las albóndigas se sirven en platos hondos, se rocían con la salsa y se adornan con el resto del perejil.

Tiempo que hay que invertir: 1 hora
Calorías por ración: 560

Le recomendamos...

También se puede usar pan blanco en lugar de integral. Y la rúcula se puede sustituir por perifollo o cebollino.

Pasta casera con ajetes y *mozzarella*

Ajos aromáticos

Ingredientes para 4 primeros platos:

100 g de ajetes

400 g de harina de trigo refinada o integral

(si se usa integral, la masa necesitará

algo más de agua)

sal

4 huevos grandes

2 cebollas grandes

2 cucharadas de mantequilla

1 cucharada de aceite de sabor neutro

2 bolas de mozzarella (250 g)

pimienta molida

1 Primero hay que hacer la masa. Para ello se eliminan las hojas mustias de los ajetes, se enjuagan, se escurren y se pican bien.

2 La harina se coloca en una fuente y se le añaden 2 cucharaditas de sal. Se añaden los ajetes, los huevos y 150 g de agua fría. Se amasa todo bien con la batidora eléctrica o de mano, hasta que se obtiene una masa compacta que hace burbujas de aire. Se deja reposar la masa hasta que están preparados los restantes ingredientes y las cebollas están en el fuego.

3 Se pelan las cebollas, se parten y se cortan en tiras. Calentar el aceite y la mantequilla en una sartén. Las tiras de cebolla se rehogan a fuego lento durante 10 o 15 minutos, hasta que se doran. Hay que tener cuidado de que no se quemen.

4 Mientras tanto, se corta la *mozzarella* en daditos. En una olla grande se pone a hervir agua con sal. Calentar el horno a 75 grados (si es un horno con ventilador, 60 grados). Se mete en el horno una fuente grande que sea resistente al calor.

5 Cuando el agua rompe a hervir, se toma la masa preparada y se aplana sobre una tabla grande. Entonces se van cortando tiras finísimas de la masa con el cuchillo y se dejan caer al agua hirviendo para que cuajen.

6 La pasta casera sólo se dejará en agua unos 3 minutos.

7 Cuando haya transcurrido ese tiempo se van sacando del agua con la espumadera.

Se colocan en una fuente, se cubren con unos dados de queso y se guardan en el horno para que no se enfríen. Así se va haciendo la pasta, porción a porción.

8 Cuando ya está lista toda la masa y se han ido poniendo capas de pasta y queso en el horno, las cebollas se salpimientan y se espolvorean sobre la fuente de pasta. Ya está listo para disfrutar.

Tiempo que hay que invertir: 1 hora
Para acompañar se toma: salsa de tomate, ensalada de tomate y cebolla o ensalada de lechuga
Calorías por ración: 645

Sugerencia:

Los ajetes sólo se consiguen en primavera. Cuando no los haya en el mercado, el mismo plato se puede hacer con espinacas, perifollo, albahaca o rúcula u oruga.

Bolitas de calabaza con crema de salvia

Plato de otoño a la italiana

Ingredientes para 4 primeros platos:

1 pedazo de calabaza de 1 kg (la mejor es la de color anaranjado)

2 yemas de huevos grandes

300 g de harina

sal, pimienta y nuez moscada

4 ramitas de salvia

2 dientes de ajo

1 cucharada de mantequilla

1 vasito de vino blanco seco o caldo de verduras

150 g de nata, 4 cucharadas de parmesano

1 Calentar el horno a 180 grados (si es un horno con ventilador, 160 grados). La calabaza se corta en pedazos grandes y se le sacan las semillas y las fibras. A continuación los trozos limpios de calabaza se colocan en una fuente resistente al calor o en la bandeja del horno. Se asan en el horno durante 1 hora, hasta que están blandos.

2 Se sacan del horno y se deja que se vayan enfriando hasta que no quemen. A continuación se corta la cáscara y con la pulpa se hace una crema en la batidora. Cuando el puré se haya enfriado un poco se coloca en un bol con las yemas y con la harina. Se condimenta con sal, pimienta y nuez moscada, y se remueve bien.

3 En una olla de boca ancha se pone a calentar abundante agua con sal. Mientras hierve el agua, se enjuaga y se escurre la salvia. Separar las hojas y picarlas bien. El ajo se pela y se corta primero en rodajitas y luego a tiras.

4 Para hacer las bolitas se van separando bolas de masa con una cucharilla, se redondean un poco y se van echando en el agua hirviendo. (No pasa nada si unas están en el agua mientras se hacen las otras.) Cuando todas las bolas están en el agua, se pone la olla a fuego lento y se deja que hiervan destapadas unos 10 minutos.

5 Durante ese tiempo podemos preparar la salsa: derretir la mantequilla en una cazuela. Rehogar la salvia y el ajo. Rociar la salvia rehogada con el vino o el caldo. Añadir la nata y dar un hervor. Remover constantemente. Retirar la cazuela del fuego, añadir el queso a la salsa y dejar que se derrita. Salpimentar.

6 Las bolitas de calabaza se van sacando del agua con una espumadera y se sirven inmediatamente en platos calientes. Se rocían con la salsa de salvia y ya está listo.

Tiempo que hay que invertir: 40 minutos (+ 1 hora en el horno para la calabaza) Para acompañar se toma: queso parmesano rallado por encima o una ensalada pequeña de rúcula con tomates cherry Calorías por ración: 545

Le recomendamos...

Puede hacerse con otros tipos de calabaza. Si se usa una calabaza de corteza tierna, se puede hacer el puré sin necesidad de eliminar previamente la corteza. Basta con lavarla bien antes de meterla en el horno. La corteza tierna se podrá batir sin problemas en la batidora.

Bolitas tirolesas de espinacas
Especialidad austriaca

Ingredientes para 4 platos únicos o
para 6 raciones pequeñas:

200 g de pan blanco duro (también se
puede usar pan rallado de buena calidad,
de la panadería)

200 ml de leche

750 g de espinacas

1 cebolla, 2 dientes de ajo

100 g de mantequilla

50 g de *quark* (requesón) o *ricotta*

50 g de queso rallado

150 g de harina

2 huevos grandes

sal y pimienta molida

nuez moscada recién molida

50 g de queso parmesano recién rallado

1 El pan se corta en rodajas y se rocía con unas cucharadas de leche. Se deja que empape mientras se hace el resto.

2 Eliminar todas las hojas mustias de las espinacas y cortar los tallos más gruesos. Las espinacas se lavan bien en agua abundante, se escurren y se pican en trozos grandes. Pelar la cebolla y el ajo, y picarlos muy bien.

3 Calentar en una sartén 1 cucharada de mantequilla. Rehogar la cebolla y el ajo. Añadir las espinacas y dejar que se hagan hasta que estén tiernas. Remover con frecuencia. Si se acumula mucho líquido, subir un poco el fuego para que se evapore. Cuando estén hechas las espinacas, se deja que se enfríen. Se escurren en un colador.

4 A continuación se mezclan en un bol las espinacas, el *quark* (o *ricotta*), el queso rallado, la harina, los huevos y el pan con leche. Se condimenta todo con sal, pimienta y nuez moscada. Se amasan bien estos ingredientes con las manos. Una vez amasados, la masa se deja reposar unos 15 minutos.

5 En una olla grande se pone a calentar abundante agua con sal. Se van formando con la masa albondiguillas del tamaño de una pelota de tenis. Una vez hechas las albondiguillas, se meten en el agua y se ponen a fuego lento. Se deja que hiervan en la olla destapada durante 15 minutos.

6 Antes de que terminen de hacerse las albondiguillas, derretir el resto de la mantequilla en una cazuela y dejar que se tueste un poco, sin llegar a quemarse.

7 Con la espumadera se van sacando las albondiguillas de la olla, se escurren y se reparten en platos calientes. Se rocían con mantequilla y con queso parmesano, y se sirven. El resto del parmesano se pone en una fuente, para que cada uno lo use a su gusto.

Tiempo que hay que invertir: 1 hora
Calorías por ración: 655

Sugerencia:
La consistencia de la masa depende en gran medida de la humedad del pan y las espinacas, así como del tamaño de los huevos. Por eso conviene probar primero con una sola albondiguilla. Se echa en el agua y si al cabo de un par de minutos no se ha deshecho, se puede seguir con las demás. Si se deshace, conviene añadirle poco a poco harina a la masa. Se siguen haciendo albondiguillas de prueba hasta lograr la consistencia necesaria.

Albondiguillas de tofu en salsa de alcaparras

Alta cocina europea

Ingredientes para 4 primeros platos:

400 g de tofu

1 manojito pequeño de perejil

medio limón sin tratar

sal, 1 huevo grande

2 cucharadas de almendras picadas

2 cucharadas de pan rallado

pimienta molida

1 puerro

3 cucharadas de mantequilla

2 cucharadas de harina

1/2 l de caldo de verduras

1 vasito de vino blanco seco (se puede sustituir por caldo de verduras)

2 cucharadas de alcaparras

100 g de nata

2 cucharaditas de zumo de limón

1 Escurrir el tofu y cortarlo en dados pequeños. Los dados se trituran con un tenedor o con el robot de cocina. Lavar el perejil y sacudirlo para quitarle el agua. Picar las hojas. Lavar la media naranja con agua caliente y rallar la cáscara.

2 En una olla grande se pone a calentar abundante agua con sal. El tofu, el perejil, la cáscara de limón, el huevo, las almendras, el pan rallado, la sal y la pimienta se ponen en un bol y se amasan hasta obtener una masa compacta. Se van formando con la masa albondiguillas del tamaño de una pelota de tenis. Atención: a la hora de hacer la masa, tener en cuenta la sugerencia de la página anterior.

3 Cuando el agua rompa a hervir, se van metiendo en el agua las albondiguillas y se pone a fuego lento. Se deja que hiervan en la olla destapada durante 10 minutos.

4 Mientras tanto se limpia el puerro. Hay que cortar las raicillas y eliminar las partes mustias de las hojas. El puerro se corta por la mitad a lo largo y se lavan bien con agua fría las dos mitades. Cada mitad se parte en dos y luego en tiras.

5 Se pone una cazuela de boca ancha a calentar y se derrite en ella la mantequilla. Rehogar el puerro. Ahora se rocía con mantequilla y se sigue removiendo hasta que toma un color dorado. A continuación se va

añadiendo el caldo de verduras con una escobilla, poco a poco y sin dejar de remover. De la misma forma se añade el vino. Se deja que la salsa cueza un poco a fuego lento y sin tapar durante unos 5 minutos. Salpimentar.

6 A continuación se añaden a la salsa la nata y las alcaparras. Se condimenta con el zumo de limón y con un poco de sal y pimienta. Las albondiguillas se sacan de la olla con la espumadera, se escurren y se sirven rociadas con la salsa.

Tiempo que hay que invertir: 40 minutos
Para acompañar se toma: patatas hervidas o arroz
Calorías por ración: 395

Guarnición:

Arroz con rúcula

Eliminar todas las hojas mustias de un manojo de rúcula u oruga, y cortar los tallos más gruesos. Se lava, se escurre y se pica bien. Pelar 1 o 2 chalotas y 2 dientes de ajo, cortarlo todo bien y rehogar en 1 cucharada de mantequilla. Añadir 250 g de arroz de grano largo y 1/2 l de caldo de verduras sin quitarlo del fuego. Añadir la rúcula, salar el arroz y dejar que se cueza a fuego lento durante unos 15 minutos. Antes de servir se adorna con un poco de rúcula picada.

Comidas

¿Sólo asados? ¡Ni pensarlo!

al horno

¿Quién dice que el horno sólo sirve para hacer asados? ¡Ni pensarlo! Hay otros muchos platos para los que merece la pena preparar una buena fuente de barro y encender el horno. Unas simples patatas al horno son un manjar sabroso. Y hay hortalizas asadas que no tienen nada que envidiarle a complicados platos de alta cocina. Los tomates o cebollas rellenas son platos simples que no desmerecen en absoluto comparados con cualquier asado.

Y no hay que olvidar que el horno es fundamental para todos los gratinados, ya sean tradicionales, como la musaka, o modernos, como nuestro gratín de endibias. ¿Y qué sería de la *quiche* de verduras sin el horno? ¿Y la pizza vegetariana? Encendamos el horno, que hay mucho que asar.

Nuestro color favorito:

Amarillo mostaza

Entre los componentes de la mostaza hay unas sustancias denominadas glucosinatos que se encuentra también en las hortalizas de la familia de la col (a la cual pertenece la mostaza). Hay glucosinatos en el repollo, en la col china, en el rábano, en el berro, en la rúcula y en los rabanitos. Estas sustancias, con su característico sabor picante, atacan a las bacterias. Así nos protegen en caso de tos e infecciones y refuerzan el sistema inmunitario. Para que esto pueda ocurrir es preciso que liberemos esas sustancias, de modo que no hay que olvidarse de picar, cortar o raspar esas hortalizas antes de consumirlas. Y se han de consumir rápidamente, ya que su efecto se evapora tan rápidamente como su aroma.

Bebidas vegetarianas

Lassi picante

En la India se bebe *lassi* para contrarrestar el sabor picante de algunos alimentos, pero nosotros ofrecemos un *lassi* diferente. Lo hemos hecho sustituyendo el yogur por kéfir. Con ello le damos una nota picante.

Para dos vasos grandes hay que lavar 8 rábanos (incluidos los tallos verdes). Los tallos se pican en trozos grandes y los rábanos se parten en 4 trozos. Se ponen en un bol y se añade 1 cucharada de rábano picante rallado, 1 cucharadita de mostaza picante, 2 cucharadas de miel y 500 g de kéfir. Se mezcla todo con una medida de comino molido, se añaden 8 cubitos de hielo y se pica todo no muy fino en la picadora. Se reparte en los vasos, se espolvorea con comino y se adorna con berros. Queda bien como alternativa al gazpacho.

¿Qué significa en realidad...

pitagorismo?

Además de destacar como filósofo y matemático, Pitágoras es probablemente uno de los primeros vegetarianos conocidos. Al igual que el brahmanismo hindú o el budismo japonés, Pitágoras rechazaba en Grecia todo el consumo de carne, así como todo lo que tuviera alma. Su filosofía incluyó un concepto que muchos siglos después, a finales del S. XIX (después de la industrialización), se retornó y rebautizó como *vegetarianismo*, que proviene del latín *vegetare* (crecer, vivir).

Toques caseros
Costra de vegetales

Las costras vegetales suponen un punto muy sabroso para platos al horno y todo tipo de verduras asadas. Son muy fáciles de hacer y pegan con todo: alcachofas, berenjenas, coliflor, patatas, zanahorias, tofu, tomates, calabacines o cebollas.

Para 4 raciones se cortan en daditos 2 chalotas y se rehogan 2 minutos en 4 cucharadas de aceite de oliva. Se dejan enfriar y se mezclan con 50 g de pan rallado (se puede rallando una rebanada de pan tostado), otros 50 g de copos de avena y 1 cucharada de perejil picado. La mezcla se reparte sobre 4 tomates partidos y se mete en el horno 15 minutos a 225 grados. Se puede «animar» esta costra con cáscara de limón, ajo, finas hierbas, almendras o avellanas.

Del cajón de las verduras
La vitamina B_{12}

Estimada tía Marga:
Somos ovolactovegetarianas y estamos bien informadas de cómo suministrarle al organismo todos los nutrientes que necesita, aunque no comamos carne. Sin embargo, con nuestros amigos veganos discutimos con frecuencia sobre la vitamina B_{12}. ¿Cómo puede conseguir vitamina B_{12} un vegetariano?   **Ana y Natalia (Àvila)**

La tía Marga responde:
Se podría hablar mucho sobre la B_{12}. En los foros de vegetarianos en Internet se encuentra uno opiniones diversas y auténticas discusiones (algunas de ellas no precisamente constructivas). Lo cierto es que la vitamina B_{12} tiene en el organismo una importante misión metabólica y es vital en procesos circulatorios y nerviosos. Si hay carencia, la persona está pálida y malhumorada, y puede desarrollar anemia.

Pero a partir de ahí empiezan las elucubraciones. Unas opiniones dicen que la vitamina B_{12} sólo se encuentra en la carne, el pescado, los lácteos y los huevos. Otros afirman que también hay B_{12} en productos que contienen ácido láctico, como son la col en vinagre, los pepinos, los pepinillos, los brotes, las algas, la levadura y en las bebidas probióticas fermentadas. A eso replican los primeros que el organismo no puede aprovechar la vitamina B_{12} de origen vegetal, y la denominan pseudovitamina. Entonces la contestación estándar es que las bacterias intestinales producen suficiente vitamina B_{12}, demostrado en el ejemplo de la vaca. En cualquier caso, sería conveniente hacerse un chequeo médico si consideramos que puede ser que no estemos proporcionando a nuestro organismo toda la vitamina B_{12} que necesita. En caso extremo, siempre se puede recurrir a los comprimidos de vitaminas, si es que se insiste en renunciar a los huevos y a la leche.

Madalenas de zanahoria y queso
Para el bufet o para la merienda

Para 12 *muffins* (se parecen por su aspecto a las madalenas, pero la masa es diferente):

150 g de zanahorias tiernas

2 tallos de perejil

100 g de roquefort u otro queso azul

250 g de harina

2 cucharadas de parmesano

4 cucharaditas de levadura en polvo

1 cucharadita de pimentón rojo picante

sal

250 g de yogur líquido natural

1 huevo grande

7 cucharadas de aceite de oliva

2 cucharaditas de tomate en puré

mantequilla y pan rallado o harina para el molde

1 Calentar el horno a 200 grados (si es un horno con ventilador, 180 grados) y engrasar un molde para 12 madalenas o *muffins* (de venta en grandes almacenes). Si se hacen las madalenas en cuencos de papel, no será necesario engrasarlos. Si se usa el molde, sobre la mantequilla se repartirá un poco de pan rallado o harina, para que se puedan despegar luego las madalenas.

2 Pelar y rallar las zanahorias. Lavar el perejil y sacudirlo para quitarle el agua. Picar las hojas. Cortar el queso azul en daditos (si es demasiado cremoso, se corta mejor sumergiendo de vez en cuando el cuchillo en agua templada).

3 La harina se mezcla con el queso parmesano, la levadura, el pimentón y 1 cucharadita de sal. A continuación se añaden el yogur, el huevo, el aceite y el puré de tomate, y luego se añaden la zanahoria, el perejil y los dados de queso.

4 La masa se pone en los moldes y Las madalenas se dejan en el centro del horno durante 10 o 15 minutos, hasta que están bien doradas. Se dejan enfriar y se sirven. Saben mejor si se comen enseguida.

Tiempo que hay que invertir: 25 minutos
(+ 25 minutos en el horno)
Para acompañar se toma: o con ensalada o solas.
Calorías por ración: 190

Le recomendamos...

En lugar de zanahorias se pueden usar colinabos o calabacines. El perejil se puede sustituir por tomillo y el queso azul por queso de cabra.

Empanadillas de hojaldre
Muy jugosas

Para 16 empanadillas

450 g de hojaldre congelado (en comercios especializados también hay hojaldre integral)

1/2 colinabo pequeño (150 g)

100 g de champiñones

1 cucharadas de aceite de oliva

1 diente de ajo, 1 manojo de albahaca

150 g de *quark* (requesón) o queso fresco para untar

2 cucharadas de queso rallado

1 huevo mediano

sal y pimienta molida

2 cucharadas de nata

harina para untar la superficie de trabajo

papel para el horno

1 Las planchas de hojaldre se colocan sobre la superficie de trabajo, se cubren con un paño y se deja que se descongelen mientras preparamos el relleno.

2 Pelar el colinabo y eliminar las partes feas. Partirlo en rodajas finas. De las rodajas se cortan a continuación tiritas delgadas que se parten por la mitad. Las setas se limpian en seco con papel de cocina. Se les cortan los pies. También se cortan en rodajas y luego en tiritas.

3 Calentar el horno a 200 grados (si es un horno con ventilador, 180 grados). Cubrir la bandeja del horno con papel de asar y calentar el aceite en una sartén pequeña. Rehogar el colinabo con las setas durante 2 o 3 minutos, sin dejar de remover. Una vez fritos, se colocan en una fuente.

4 Pelar y machacar el ajo. Añadirlo al colinabo y las setas. La albahaca se corta en tiras finas. Se añade también al colinabo, junto con el queso fresco, el queso rallado y el huevo. Se salpimienta y se mezcla todo bien

5 Las placas de hojaldre se separan y se extienden sobre la superficie enharinada. Se cortan en 16 porciones del mismo tamaño. A los trozos de hojaldre se les pasa un pincel con agua por los filos. A continuación se rellena la mitad con el sofrito de hortalizas. Se doblan las empanadillas y se aprietan bien los filos con un tenedor.

6 Se colocan las empanadillas en la bandeja del horno previamente recubierta con papel de asar. Se pincelan con nata y se salpican unas gotas de agua fría en la bandeja, para que no se resequen demasiado en el horno. Las empanadillas se dejan en el centro del horno durante 25 minutos, hasta que están bien dorados. Se pueden comer calientes o frías.

Tiempo que hay que invertir: 45 minutos
(+ 25 minutos en el horno)
Para acompañar se toma: ensalada verde
Calorías por ración: 150

Verdura asada
Plato de invierno

Ingredientes para 4 primeros platos:

300 g de coles de Bruselas

300 g de chirivías o bulbo de apio

300 g de zanahorias, 2 bulbos de hinojo

300 g de topinambur o aguaturma

1/2 manojo de tomillo, 2 ramitas de romero

4 dientes de ajo, 1 ñora, sal y pimienta molida

150 ml de vino blanco o caldo de verduras

6 cucharadas de aceite de oliva

1/2 cucharada de miel

1 Calentar el horno a 220 grados. Lavar y limpiar las hortalizas. Las coles de Bruselas se dejan enteras o se parten por la mitad. Las chirivías y las zanahorias se cortan a lo largo. El apio se corta en trozos grandes. El hinojo se corta en 4 trozos y se elimina el tronco. El topinambur o aguaturma se deja entero. Las finas hierbas se lavan y se escurren. Se arrancan las hojitas. El ajo se pela y se pica bien en el mortero con las finas hierbas y la ñora. Se salpimienta y el contenido del mortero se rocía sobre la verdura.

2 La verdura se coloca en un molde resistente al horno, se rocía con el vino o el caldo y se cubre con papel aluminio. Asar en el horno (a 200 grados) durante unos 25 minutos.

3 Se mezclan el aceite de oliva y la miel. Se retira la lámina de papel aluminio del molde, se rocía la verdura con la mezcla de aceite y miel, y se vuelve a meter otros 25 minutos en el horno sin tapar, para que se tueste. Se condimenta y está listo para comer.

Tiempo que hay que invertir: 25 minutos
(+ 50 minutos en el horno)
Para acompañar se toma: yogur o queso fresco con finas hierbas y trocitos de pepino, o con especias picantes y zumo de limón. Y también con pan de pita
Calorías por ración: 240

Le recomendamos...
Según la estación se pueden asar pimientos, calabacines, berenjenas, tomates, espárragos verdes, cebolletas, colinabo o rábano.

Patatas asadas al queso fresco
Un juego de niños

Ingredientes para 4 primeros platos:

1,2 kg de patatas pequeñas (de las que no se deshacen)

4 hojas de laurel, sal

pimienta molida

2 cucharadas de aceite de oliva

Para la crema de queso y remolacha:

1 remolacha cocida (de unos 300 g)

1 manojo de cebollinos

400 g de queso fresco de untar

100 g de nata

2 o 3 cucharadas de rábano rallado

sal, 1 pizca de azúcar

1 Calentar el horno a 200 grados. Pelar y lavar las patatas. Se colocan junto con las hojas de laurel en un molde, se salpimientan y se rocían con el aceite. Se meten en la zona central del horno a 180 grados durante 45 minutos.

2 Mientras tanto, se corta la remolacha en daditos. Enjuagar los cebollinos, escurrirlos y cortar en rebanaditas pequeñas.

3 Se mezcla el queso fresco con la nata y se le añade la remolacha, los cebollinos y el rábano. Se salpimienta. Esta salsa de queso se come con las patatas asadas.

Tiempo que hay que invertir: 1 hora (trabajo activo, sólo 15 o 20 minutos)
Para acompañar se toma: una ensalada de lechuga
Calorías por ración: 510

Musaka verde
Un clásico griego

Ingredientes para 4 o

6 porciones abundantes:

2 berenjenas

sal

2 cebollas grandes

4 dientes de ajo

500 g de espinacas

400 g de patatas (que no se deshagan)

1 lata de tomates pelados (400 g)

8 cucharadas de aceite de oliva

2 manojos de perejil

1 manojos de eneldo

pimienta molida

1/2 cucharadita de canela molida

3 cucharadas de mantequilla + mantequilla para engrasar

4 cucharadas de harina

3/4 de l de leche

50 g de queso parmesano recién rallado

2 huevos grandes

2 cucharaditas de zumo de limón

100 g de queso de oveja (feta)

1 Lavar y limpiar las berenjenas (no hace falta pelarlas). Se cortan a lo largo en rodajas finas, se salan y se dejan reposar mientras se hace el resto. Pelar y cortar las cebollas y los ajos en trozos muy pequeños. Eliminar todas las hojas mustias de las espinacas y cortar los tallos más gruesos. Enjuagar bien las espinacas en agua fría, escurrir y volver a enjuagar y escurrir para que se limpien bien. Las espinacas se pican bien. Lavar, pelar y cortar las patatas en rodajas finas. Escurrir los tomates de bote (el jugo no hará falta) y cortarlos en daditos.

2 Secar las berenjenas con papel de cocina. Calentar el aceite en una sartén y freír las berenjenas bien por los dos lados. Se van sacando. Cuando están fritas todas las rodajas, se echan las patatas en la misma sartén y se fríen también. Se sacan, se echa más aceite en la sartén y se fríen la cebolla y el ajo durante unos 5 minutos. Se añaden las espinacas y se fríen hasta que se pongan blandas. Si se forma mucho líquido hay que subir el fuego para que se evapore. Ahora se añaden los tomates. Las finas hierbas se enjuagan y se escurren. Se eliminan los tallos más gruesos y se pica bien el resto. Se añaden a la salsa de espinacas y se condimenta todo con sal, pimienta y canela.

3 Para hacer la bechamel, derretir la mantequilla en una olla, añadir la harina y dejar que se dore todo con el fuego no muy alto. Se va removiendo y se añade la leche poco a

poco. Se pone a fuego lento y se deja que hierva todo durante unos 10 minutos. Dejar que se enfríe un poco y añadir el queso parmesano, los huevos y el zumo de limón. Salpimentar.

4 Mientras se hace la salsa, se calienta el horno a 200 grados. Engrasar un molde resistente al calor e ir colocando en él capas de berenjena y patata. Entre cada capa se coloca una buena porción de espinacas y salsa. Al final se recubre todo con el resto de la bechamel con queso. El queso de cabra se desgrana y se rocía por encima. La musaka se mete en la parte inferior del horno entre 40 y 45 minutos a 180 grados, hasta que se tuesta bien. Se deja reposar un momento, se corta y se sirve.

Tiempo que hay que invertir: 1 hora y cuarto (+ entre 40 y 45 minutos en el horno)
Para acompañar se toma: ensalada de tomate y pan de pita
Calorías por ración: 490

Le recomendamos...
Las berenjenas se pueden sustituir en parte o completamente por calabacines y en lugar de espinacas, se pueden usar acelgas.

Quiche de puerros y brécol

Se puede preparar con antelación

Ingredientes para 4 porciones grandes o
6 porciones medianas:

250 g de harina

125 g de mantequilla, sal

700 g de brécol

2 puerros largos

150 g de queso curado (p. ej., gouda,
pecorino, cheddar o un queso de cabra)

4 huevos grandes

200 g de queso graso para untar

pimienta molida

media cucharadita de cilantro molido

100 g de queso al gusto para la
costra superior

1 La harina para hacer la masa se pone
en un bol. Se añaden la mantequilla cortada
en trocitos, 2 cucharadas de agua fría y
1/2 cucharadita de sal. Se mezcla todo
rápidamente con las manos o con la batidora
hasta conseguir una masa suave.

2 Con esa masa se hace una bola. La bola
se coloca entre dos capas de lámina transparente de cocina y se amasa hasta formar una
plancha fina. Se quita la capas inferior de
plástico y la masa se mete en una tartera o
molde de bordes bajos de unos 28 o 30 cm Ø.
A continuación se quita la otra capa y se
dobla la masa para que cubra los bordes del
molde. Se mete en el frigorífico durante 1 hora.

3 Se lava el brécol, se separan los cogollos
y se cortan los tallos en rodajitas finas. En
una olla se pone a calentar agua con sal.
Cuando hierva, se mete el brécol y se deja
hervir sin tapar durante 2 o 3 minutos. Se
saca y se enjuaga brevemente en un colador
con abundante agua fría.

4 Calentar el horno a 180 grados. Cortar las
raíces y las partes verdes mustias de los
puerros. Se abren por la mitad a lo largo y se
lavan bien con agua fría. Los trozos se cortan
en tiras estrechas.

5 Se descorteza el queso curado y se ralla.
Se mezcla en un bol con los huevos y el
queso de untar y se condimenta con sal,
pimienta y cilantro. Cortar en daditos el
queso que se usará para la costra.

6 Mezclar el brécol con el puerro y repartir
en el molde con masa, que habremos sacado
del frigorífico. Se rocía con la crema de
huevo y queso, y se adorna con los dados de
queso. La *quiche* se mete en el centro del
horno a 160 grados y se deja unos 45 minutos, hasta esté tostada. Antes de cortarla
para servir habrá que dejarla reposar 10 o
15 minutos.

Tiempo que hay que invertir: 35 minutos
(+45 minutos en el horno)
Para acompañar se toma: ensalada
Calorías por ración: 670

Sugerencia:

Si queremos una *quiche* con menos calorías,
el queso graso de untar se puede sustituir
en parte o completamente por una variedad
descremada o por yogur sin azúcar.

Variación:

Tartaleta de *ricotta* con espárragos verdes

La masa se prepara como ya se ha descrito y
se pone a enfriar. Lavar 500 g de espárragos
verdes. Se corta la punta dura y se hierven
en agua con sal durante 5 minutos. Se asustan y se dejan escurrir. Lavar 250 g de tomates cherry y partirlos por la mitad. En un bol
se mezclan 250 g de *ricotta* con 3 huevos
medianos y 100 g de queso parmesano
rallado. Se salpimienta la mezcla. Los espárragos y los tomates se reparten en el molde
y se recubren con la masa de *ricotta*. Se
mete en el horno como se indica arriba. Se
sirve adornada de trozos de rúcula picada.

Pastel de tortillas
Para mayores y pequeños

Ingredientes para 4 comensales hambrientos:

100 g de harina, sal, 2 huevos grandes

2 cucharadas de aceite de sabor neutro

150 ml de leche

500 g de calabacines

6 cucharadas de aceite de oliva

pimienta molida

400 g de tomates carnosos

250 g de *ricotta* fresca y cremosa (se puede sustituir por un queso fresco de Burgos)

120 g de queso parmesano recién rallado

nuez moscada recién molida

1 manojo de albahaca

mantequilla o aceite neutro para freír

1 La harina para hacer la masa se coloca en un bol y se sala bien. Se añaden los huevos, aceite y leche, y se mezcla todo con la escobilla. La masa tiene que ser suave y pastosa. Se deja reposar durante 30 minutos.

2 En ese tiempo se prepara el relleno: lavar los calabacines y cortar las puntas. Si son muy tiernos, pueden dejarse sin pelar. A con-

tinuación se cortan a lo largo en rodajas finas. En la sartén se calientan 4 cucharadas de aceite de oliva y se fríen ahí los calabacines en tandas. Se deja que se doren. Una vez fritos, se sacan y se salpimientan.

3 Lavar los tomates y cortarlos en rodajas muy pequeñas. Eliminar el ombligo. El queso *ricotta* se mezcla en un bol con 100 g de parmesano, un poco de sal, pimienta y nuez moscada. Las hojas de albahaca se pican en trozos.

4 Volvemos a la masa: se vuelve a calentar la sartén de los calabacines y se derrite en ella la mantequilla. Se remueve la masa. A continuación se coge un cucharón lleno y se pone en la sartén, moviéndola para que la masa se reparta bien por el fondo. Se deja que cuaje aproximadamente 1 minuto, se le da la vuelta y se deja medio minuto por el otro lado. Así se van haciendo las 8 tortillas.

5 Calentar el horno a 200 grados. Se toma una fuente para el horno en la que quepan las tortillas. Las tortillas se colocan sobre una superficie y se recubren con una cucharada de crema de *ricotta*, que se reparte bien. A continuación se van colocando en la fuente capas de tortilla y capas de tomate y calabacín con albahaca. Se salpimienta de cuando en cuando. Se cierra con una capa de tomates. Se rocía con el resto de queso rallado y con el aceite de oliva que quede, y se mete durante 35 minutos en el centro del

horno a 180 grados. Antes de servir se deja que repose. Se corta como si fuera un pastel.

Tiempo que hay que invertir: 1 hora
(+35 minutos en el horno)
Para acompañar se toma: ensalada de tomate y ensalada de lechuga
Calorías por ración: 665

Le recomendamos...
En lugar de calabacines se pueden emplear pimientos de distintos colores. Los pimientos se parten por la mitad, se limpia y se asan en el horno unos 15 minutos a 250 grados (o 220, si es un horno con ventilador). Se dejan reposar un momento y entonces se les quita la piel. Se cortan en tiras y se usan para hacer las capas intermedias, en lugar del calabacín.

Lasaña de verduras

Italiano para principiantes

Ingredientes para 4 comensales hambrientos:

2 zanahorias

2 tallos de apio

2 calabacines

1 berenjena pequeña

1 pimiento rojo y 1 verde o amarillo

2 puerros

500 g de tomates

1/2 manojo de tomillo

4 dientes de ajo

4 cucharadas de aceite de oliva

sal

guindilla molida

Para la bechamel:

4 cucharadas de mantequilla

4 cucharadas de harina

3/4 de l de leche

sal y pimienta molida

nuez moscada recién molida

Además:

250 g de placas de lasaña

2 bolas de *mozzarella* (250 g)

100 g de queso parmesano recién rallado
(u otro queso rallado de sabor fuerte)

aceite de oliva para rociar

1 Lavar y limpiar las hortalizas. Cortar en trocitos las zanahorias, el apio, los calabacines, las berenjenas y los pimientos. El puerro se corta a tiras finas. Los tomates se pelan (hay que escaldarlos previamente con agua hirviendo) y se cortan en daditos muy pequeños. Lavar y escurrir el tomillo, y separar las hojitas. Pelar los ajos y cortarlos en trocitos.

2 El aceite de oliva se calienta en una cazuela. Cuando está caliente se rehoga todo, menos los tomates, durante unos minutos. Ahora se añaden el tomillo, el ajo y los tomates. Se condimenta con guindilla molida y sal, y se deja que cueza durante unos 15 minutos.

3 Mientras tanto empezamos a preparar la bechamel. Derretir la mantequilla en una cazuela. Espolvorear con harina sin dejar de remover, para que no salgan grumos. Añadir poco a poco la leche, sin dejar de remover. Dejar a fuego lento hasta que vaya espesando. Cuando esté espesa, condimentar con sal, pimienta y nuez moscada.

4 Preparar las placas de lasaña según las instrucciones del envase. Lo más fácil es usar una pasta que no haya que hervir previamente. Cortar la *mozzarella* en rodajitas muy finas.

5 Preparar una fuente grande para el horno. Calentar el horno a 180 grados. En la fuente se van poniendo capas de bechamel, de pasta, de verdura, de *mozzarella*, de queso parmesano, de bechamel... Se van haciendo capas hasta que se gastan todos los ingredientes. Se recubre todo con bechamel y queso parmesano para terminar. La lasaña se mete en el centro del horno a 160 grados y se deja unos 45 minutos, hasta que esté tostada. Ahora tendremos tiempo de poner la mesa y de preparar un entrante o una ensalada para acompañar.

Tiempo que hay que invertir: 1 hora y cuarto
(+45 minutos en el horno)
Para acompañar se toma: ensalada, pan y vino tinto
Calorías por ración: 895

Variaciones:

Lasaña de champiñones

Se limpian y se cortan en rodajas 600 g de champiñones o setas. Pelar 1 cebolla y 2 dientes de ajo, picarlos bien y freírlos con los champiñones en 4 cucharadas de aceite. Lavar y cortar 500 g de tomates a daditos. Al cortar hay que eliminar los ombligos. Añadir los tomates a los champiñones y dejar que se cueza todo bien durante 10 minutos. A continuación se procede como indica la receta: se prepara la bechamel, se ponen las capas de lasaña en la fuente y se mete en el horno.

Lasaña de espinacas con gorgonzola

Se descongelan 450 g de espinacas. Añadir 2 dientes de ajo pelados y machacados. Condimentar con sal, pimienta y cáscara de limón. 2 Lavar los tomates y cortarlos en rodajas muy pequeñas. Eliminar el ombligo. Cortar en dados 300 g de queso gorgonzola y hacer un puré añadiendo 200 g de nata y 200 ml de leche. Añadir 50 g de queso rallado y condimentar con sal, pimienta y nuez moscada. Hacer la lasaña en una fuente con 250 g de placas, las espinacas, la salsa de queso y rodajas de limón. Cortar a rodajas 1 bola de *mozzarella* (125 g) y adornar con ella la lasaña. Meter en el horno como se indica en la receta.

Macarrones al horno
Apetitosos y crujientes

Ingredientes para 4 comensales hambrientos:

1 pimiento rojo y 1 verde o amarillo

1 puerro grueso

300 g de setas o champiñones

2 dientes de ajo

1/4 de manojo de tomillo

3 cucharadas de mantequilla

sal y pimienta molida

300 g de macarrones

1 cucharada de harina, 400 ml de leche

150 g de queso curado rallado (p. ej., queso manchego)

60 g de pan rallado

2 cucharadas de aceite de oliva

1 Lavar los pimientos, limpiarlos y cortarlos en dados. Eliminar las raíces y las hojas mustias del puerro. Cortarlo a lo largo. Enjuagar bien bajo el chorro de agua fría y cortarlo a tiras finas. Las setas se limpian y se cortan en rodajas finas. Pelar los ajos y cortar en trocitos. Lavar y escurrir el tomillo, y separar las hojitas.

2 En una sartén se derrite la mitad de la mantequilla y se rehogan las setas con el tomillo durante unos minutos. Se añaden el pimiento, el puerro y el ajo y se rehoga todo 2 o 3 minutos más. Salpimentar.

3 Se pone a hervir abundante agua con sal y un chorrito de aceite. Cuando rompe a hervir, se echan los macarrones y se cocinan *al dente* siguiendo las instrucciones del envase. Se escurren en un colador y se ahuecan para que no se peguen (atención: la pasta no se enjuaga con agua fría). El resto de la mantequilla se derrite en una cazuela. Se añade la harina, sin dejar de remover. A continuación se va añadiendo poco a poco la leche, removiendo constantemente. Se pone a fuego lento y se deja que la bechamel espese durante unos minutos.

4 Calentar el horno a 180 grados. La mitad del queso se añade a la salsa bechamel. Remover bien. La mitad de los macarrones se sirven en una fuente para el horno y se rocían con la mitad de la salsa. A continuación se coloca una capa de verdura. Se tapa todo con el resto de los macarrones y se recubre con el resto de salsa. Se rocía con pan rallado y con el resto del queso. Se rocía con un chorrito de aceite y se mete la fuente en el horno (a 160 grados si es un horno con ventilador). Se gratina durante unos 30 minutos, hasta que se ha formado una costra tostada por encima.

Tiempo que hay que invertir: 45 minutos (+ 30 minutos en el horno)
Para acompañar se toma: ensalada
Calorías por ración: 680

Endibias gratinadas
Simplemente genial

Ingredientes para 4 primeros platos:

1 kg de endibias

sal, 2 cucharadas de mantequilla

1 cucharada de harina, 125 g de nata

100 g de queso manchego rallado (u otro queso rallado de sabor fuerte)

2 huevos grandes

pimienta molida

nuez moscada recién molida

un par de tallos de perejil

1 Primero se eliminan las hojas mustias de las endibias. Se lavan y se cortan en 4 trozos a lo largo. En una olla se ponen a calentar 3/4 de l de agua con sal. Cuando hierve, se echan las endibias, se tapa y se deja que hiervan durante unos 5 minutos. Se sacan con la espumadera, se escurren y se colocan en una fuente para el horno.

2 Para hacer la bechamel, derretir la mantequilla en una cazuela, añadir la harina y dejar que se dore todo con el fuego no muy alto. Se toma 3 vasitos del agua de hervir las endibias y se añade a la cazuela de la bechamel. Se pone a fuego lento y se deja destapado para que espese durante unos 10 minutos.

3 Calentar el horno a 220 grados (si es un horno con ventilador, 200 grados) y retirar la salsa del fuego. Añadir entonces la nata y el queso. Mezclar bien y añadir los huevos. La salsa se condimenta con sal, pimienta y nuez moscada, y se reparte sobre las endibias. Se coloca en el centro del horno durante unos 25 minutos, hasta que la parte de arriba está tostada.

4 Lavar y escurrir el perejil. Eliminar los tallos y picar las hojas. Antes de servir se espolvorea esta mezcla sobre las endibias gratinadas.

Tiempo que hay que invertir: 25 minutos
(+25 minutos en el horno)
Para acompañar se toma: patatas hervidas y tal vez una ensalada de lechuga
Calorías por ración: 320

Le recomendamos...
Sustituir las endibias por espárragos verdes, tallos de apio o achicoria.

Verduras gratinadas al limón
Refrescante

Ingredientes para 4 primeros platos:

1,2 kg de verduras y hortalizas (patatas, zanahorias, calabacines, puerro, hinojo y setas)

4 dientes de ajo

1 manojo de cebollas tiernas

sal y pimienta molida

1 limón sin tratar

250 g de nata fresquísima

100 g de tomates cherry

2 cucharadas de piñones

2 bolas de *mozzarella* (250 g)

1 cucharadas de mantequilla

1 Lavar y limpiar las hortalizas. Las patatas, las zanahorias y los calabacines se rallan en rodajas finísimas con un rallador de verdura. El puerro se corta en anillos y el hinojo y las setas se cortan en rodajitas.

2 Calentar el horno a 180 grados. Pelar los ajos y cortarlos en trocitos. Las cebollas tiernas se lavan, se limpian y se cortan en anillos finos. A continuación se mezclan con el ajo.

3 En una fuente para el horno se colocan capas de todas las hortalizas. Después de cada capa se salpimienta y se rocía un poco de la mezcla de ajo y cebollas.

4 Se lava con agua caliente el medio limón, se ralla la piel y se exprime el zumo de una mitad. La cáscara de limón y 2 cucharadas de zumo se mezclan con la nata y se vierten por los lados de la fuente. Se lavan los tomates, se parten por la mitad y se colocan sobre la verdura de la fuente con la cara cortada hacia arriba. Se rocían con piñones. Cortar la *mozzarella* en dados y repartirlos en la fuente de verdura. Por encima se adorna todo con unas perlitas de mantequilla.

5 La fuente se coloca en el centro del horno a 160 grados y se deja que se haga durante unos 50 minutos, hasta que todas las capas estén blandas y se haya formado una costra dorada por encima. Se sirve en la misma fuente.

Tiempo que hay que invertir: 25 minutos
(+50 minutos en el horno)
Para acompañar se toma: una ensalada variada o espinacas con ajo y aceite
Calorías por ración: 490

Tomates rellenos de calabacín

Ligeros y veraniegos

Ingredientes para 4 primeros platos:

12 tomates

50 g de pan duro (blanco o integral)

200 g de calabacines frescos

150 g de queso gorgonzola

1/2 manojito de perejil

3 cebollas tiernas

1 huevo mediano

2 cucharadas de parmesano

sal y pimienta molida

4 cucharada de pan rallado

3 cucharadas de aceite de oliva

1 Calentar el horno a 200 grados. Lavar los tomates y cortarles la tapa superior con un cuchillo de sierra. Se vacían con una cucharita. La pulpa se pica bien y se reserva.

2 El pan duro se ralla o se muele. Se lavan los calabacines y se les cortan las puntas. Si son tiernos, se dejan enteros; si no, se pelan. A continuación se rallan con el rallador. El queso gorgonzola se corta en daditos. El perejil se lava y se escurre. A continuación se

pica bien. Las cebollas tiernas se lavan, se limpian y se cortan en trocitos pequeños.

3 Se hace una masa con el pan, los calabacines, el gorgonzola, el perejil, las cebollas tiernas, el huevo, el parmesano y 2 cucharadas de tomate picado. Se salpimienta. Con esa mezcla se rellenan los tomates y se colocan en una fuente para el horno. Si sobrara relleno, se reparte en la fuente, entre los tomates.

4 Las tapas que se cortaron de los tomates también se pican, se mezclan con el resto de la pulpa, se salpimientan y se reparten por la fuente. Se rocía todo con el pan rallado y un chorrito de aceite de oliva. Asar en el horno (a 180 grados) unos 30 minutos.

Tiempo que hay que invertir: 40 minutos
(+ 30 minutos en el horno)
Para acompañar se toma: pan blanco o pan integral
Calorías por ración: 355

Le recomendamos...

Cuanto más curado esté el queso, más sabroso será el relleno. Se puede probar con un roquefort o un manchego bien curado.

Cebollas rellenas

Especialidad de invierno

Ingredientes para 4 primeros platos:

125 g de arroz de grano largo, sal

8 cebollas, 200 g de tomates

1/2 de manojo de albahaca

1/2 de manojo de perejil

4 dientes de ajo, 100 g de queso feta

1 cucharadita de tomate en puré

2 huevos grandes

1/2 cucharadita de comino molido, otra de pimentón picante y otra de pimienta molida

1/4 de cucharadita de canela molida

4 cucharadas de aceite de oliva

4 cucharadas de parmesano

4 cucharada de pan rallado

1 El arroz se pone a calentar en una cazuela con 1/4 de l de agua con sal. Cuando rompe a hervir se tapa y se deja cocer a fuego lento durante unos 15 minutos.

2 Mientras se hace, se pela la cebolla. En una cazuela se pone a hervir agua con sal y se hierven las cebollas unos 20 minutos. Se escurren y se deja que se enfríen.

3 Los tomates se lavan o se escaldan con agua hirviendo y se pelan. Se cortan en dados muy pequeños y se elimina el ombligo. Enjuagar y escurrir las finas hierbas, y picarlas bien. Pelar los ajos y cortarlos en trocitos. Romper el queso en trozos pequeños.

4 A las cebollas se les corta la tapa superior y se ahuecan con el cuchillo. La pulpa del interior se corta en daditos. Calentar el horno a 180 grados.

5 El arroz se mezcla con los tomates, el puré de tomate, 1 cucharada de datos de cebolla, las finas hierbas, el ajo, el queso feta y los huevos. Se condimenta con las especias y se sala.

6 Con la mezcla de arroz se rellenan las cebollas. El resto se coloca en una fuente para el horno. Las cebollas se colocan también en la fuente. Se hace una mezcla con el resto de la pulpa de la cebolla, 2 cucharadas de aceite y sal. Esta mezcla se coloca entre las cebollas. El queso y el pan rallado se mezclan y se rocían sobre las cebollas. Por encima se rocía el resto del aceite. Las cebollas se meten en el centro del horno a 160 grados y se dejan entre 35 y 40 minutos, hasta que estén tostadas.

Tiempo que hay que invertir: 50 minutos (+35 a 40 minutos en el horno)
Para acompañar se toma: ensalada de lechuga
Calorías por ración: 450

Alcachofas rellenas
Sólo con alcachofas muy tiernas

Ingredientes para 4 primeros platos:

12 alcachofas pequeñas y muy tiernas

1 limón

80 g de pan duro (blanco o integral)

1/2 manojo de perejil

3 dientes de ajo, 1 huevo grande

100 g de queso parmesano recién rallado

5 cucharadas de aceite de oliva

sal y pimienta molida

1/4 de l de caldo de verduras

1 Se eliminan las hojas externas de las alcachofas y se cortan las puntas oscuras del cogollo. Los rabos también se cortan. Se aprovechan las puntas de arriba más tiernas, que se cortan en rodajas.

2 Ahora se golpean las alcachofas con la encimera de la cocina y se ahuecan flexionándolas con las manos. Las hojas interiores se cortan con un cuchillo. Se eliminan también los hilos, si los hubiera. El limón se parte por la mitad y se frotan con él las alcachofas, para que no negreen. Se dejan caer unas gotas de zumo en el interior.

3 Calentar el horno a 200 grados. El pan se parte en pedazos y se pone a ablandar en agua templada. El perejil se lava y se escurre. A continuación se pica bien. Pelar y cortar los dientes de ajos en rebanaditas muy finas.

4 Se saca el pan del agua, se escurre bien y se coloca en un bol. Se le añade el perejil, el ajo, el huevo, el queso y 2 cucharadas de aceite de oliva. Se mezcla bien. Salpimentar.

5 Se vuelven a ahuecar las hojas de las alcachofas y se sala el interior. Cada alcachofa se rellena con la mezcla preparada. Las alcachofas rellenas se colocan en una fuente para el horno y se rocían con caldo. Entre ellas se reparten las rebanaditas de los tallos. Se cubre con papel aluminio y se asa en el centro del horno a 180 grados durante 25 minutos. Retirar la lámina, rociar las alcachofas con el resto del aceite y volver a meter en el horno durante otros 15 minutos, hasta que estén doradas.

Tiempo que hay que invertir: 30 minutos (+40 minutos en el horno)
Para acompañar se toma: pan y una ensalada (por ejemplo, de rúcula y tomate)
Calorías por ración: 330

Cazuela de arroz con verdura al horno

Un plato rico y variado

Ingredientes para 4 personas con un buen saque o para 6 con apetito normal:

250 g de judías verdes

1 pimiento rojo y 1 verde o amarillo

1 calabacín tierno, 1 berenjena pequeña

2 mazorcas de maíz dulce

2 cebollas, 4 dientes de ajo

1 l de caldo de verduras

8 cucharadas de aceite de oliva

400 g de tomates

1 frasco de garbanzos preparados (240 g de peso escurrido)

1 sobre de hebras de azafrán (0,1 g)

400 g de arroz de grano redondo (si es de Calasparra, habrá que calcular tiempos de cocción más largos)

1 cucharadita de pimentón dulce

1/2 cucharadita de cilantro molido, sal

1/2 manojito de perejil

4 pimientos del piquillo de lata (picantes o no)

1 limón

1 Lavar y limpiar las hortalizas. Cortar las puntas de las judías, sacar las hebras y partir por la mitad las que sean muy largas. El pimiento se parte en 4 trozos y luego en tiras gruesas. El calabacín y la berenjena se cortan en dados. La piel se deja sólo si son muy tiernos. Si no, se pelan. Las mazorcas de maíz se limpian y se pelan en rodajas de 2 cm de grosor. Pelar los ajos y las cebollas, y cortarlos en trocitos.

2 En una olla se pone a hervir el caldo de verduras. Cuando hierva se echan las judías y se cocinan durante unos 8 minutos. Se sacan con la espumadera, se enjuagan en un colador bajo el chorro de agua fría y se deja que escurran. En el mismo caldo se hierve el maíz durante 5 minutos. También se saca y se enjuaga (se puede usar igualmente maíz pelado del que se vende en bolsa, que ya está hervido y se calienta en sólo 1 o 2 minutos).

3 En una sartén se pone a calentar la mitad del aceite. Se rehogan bien el calabacín y la berenjena y se sacan. El pimiento se fríe también brevemente. A continuación se fríen las cebollas y el ajo, sin dejar de remover.

4 Los tomates se pelan (hay que escaldarlos previamente con agua hirviendo) y se cortan en daditos. Al cortar hay que eliminar los ombligos. Echar los garbanzos en un colador, enjuagarlos bien con agua fría y escurrirlos. A continuación se deslía el azafrán en el caldo caliente.

5 Calentar el horno a 180 grados. Mezclar el arroz con el caldo y añadir pimentón, cilantro y sal. Dejar que hierva 1 minuto. A continuación se pone el arroz con verdura en una cazuela de barro y se añade el resto de la verdura y los garbanzos. Lavar el perejil y sacudirlo para quitarle el agua. Picar las hojas. El perejil y los pimientos del piquillo se reparten sobre el arroz. Se rocía todo con el resto del aceite.

6 La cazuela de barro se mete en el horno a 160 grados y se recubre con papel aluminio. Se deja 20 minutos. Al cabo de ese tiempo se retira el papel aluminio y se deja unos 10 minutos más, hasta que esté un poco tostado por arriba. Se sirve adornado con rodajitas de limón.

Tiempo que hay que invertir: 1 hora
(+ 30 minutos en el horno)
Para acompañar se toma: ensalada variada o ensalada de tomate con cebollas rojas
Calorías por ración: 765

Le recomendamos...

Después de retirar el papel aluminio se ahueca un poco el arroz en algunos puntos y se casca un huevo, para que se cuaje ahí. Se cubre con una almendrita de mantequilla y se espolvorea con sal y perejil. Cuando los huevos estén cuajados, se sirve.

Pizza de alcachofas y calabacines con alcaparras

Una pizza muy original

Ingredientes para saciar a 4 hambrientos:

350 g de harina, sal

6 cucharadas de aceite de oliva

1/2 cubito de levadura de panadero (20 g)

700 g de calabacín (aproximadamente
4 de tamaño mediano)

pimienta molida

1 lata de tomates pelados (400 g)

2 dientes de ajo

2 cucharadas de alcaparras

2 cucharaditas de una mezcla de orégano
y otras hierbas

4 corazones de alcachofas (en conserva)

150 g de *ricotta* fresca y cremosa (se puede
sustituir por un queso fresco de Burgos)

2 bolas de *mozzarella* (250 g)

1 Empezamos con la masa. En un bol se
mezcla la harina con 1 cucharadita de sal y 2
cucharadas de aceite de oliva. El bloque de

levadura se desmigaja y se mezcla bien con
180 ml de agua templada. Se añade a la
harina. Se mezcla todo bien y esta masa se
coloca sobre una superficie enharinada y se
amasa bien durante unos 5 minutos.

2 La masa se vuelve a poner en el bol, se
tapa con un paño de cocina y se deja que
obre durante 1 hora, hasta que haya dupli-
cado su tamaño.

3 En ese tiempo se prepara el resto. Lavar
los calabacines y cortar las puntas. Partirlos
a lo largo en láminas de 1/2 cm de grosor. La
bandeja del horno se recubre con papel de
asar, sobre el que se colocan las rodajas de
calabacín. Se pincelan con 2 cucharadas de
aceite y se salpimientan.

4 Se enciende el gratinador del horno y se
colocan los calabacines a unos 10 cm de distancia del gratinador. Se gratinan durante
8 minutos, hasta que estén tostados.

5 Los tomates con su jugo se hacen puré en
la batidora o el robot de cocina. Pelar el ajo
y machacarlo. Añadirlo al puré de tomate. Se
añaden también las alcaparras y las finas
hierbas, y se mezcla todo bien. Se condimenta con sal y pimienta. Los corazones de
alcachofa se cortan en 4 trozos.

6 Calentar el horno a 220 grados (si es un
horno con ventilador, 200 grados) y recubrir
la bandeja con papel de asar.

7 La masa se vuelve a amasar y se parte por
la mitad. Con las manos enharinadas se
hacen dos bolas, y con ellas, dos tortas ovaladas planas que quepan en la bandeja del
horno. Los bordes tienen que quedar algo
más gruesos que el resto. Una de las tortas
se coloca sobre la bandeja.

8 Esa torta se recubre con la mitad de la
salsa de tomate, la mitad de las tiras de calabacín y la mitad de las alcachofas. A continuación se reparten por encima trocitos de
ricotta. Una bola de *mozzarella* se corta en
dados que se rocían sobre los calabacines.
Se riega todo con 1 cucharada de aceite de
oliva y se mete en la parte central del horno,
donde se deja unos 20 minutos, hasta que
se haya derretido el queso. Se parte la pizza
en trozos y se sirve. Y mientras nos comemos
la primera, se va haciendo la segunda.

Tiempo que hay que invertir: 1 hora y media
(+ 20 minutos en el horno cada pizza)
Para acompañar se toma: ensalada variada
o ensalada de tomate
Calorías por ración: 695

Sugerencia:

La segunda pizza se puede preparar mientras
se hace la primera. Así se podrá meter inmediatamente en el horno cuando saquemos
la primera.

Salsas para

No sólo para carnes y pescados.

mojar y untar

«Mojar» es uno de los verbos favoritos del credo de la cocina mediterránea. Mojar y rebañar son sanos ejercicios gastronómicos con los que culmina una buena comida. Pero el buen rebañador no se limita a mojar con pan el juguillo del bistec, si es carnívoro, o el aceite de la berenjena frita, si es vegetariano. Hay sabrosas mezclas para mojar y rebañar que constituyen auténticas creaciones culinarias. Y no sólo se mojan los líquidos: tenemos mojos y untos pastosos, como el pesto, que no le hacen ascos a una miga de pan. ¿Y qué podemos decir de creaciones para untar exclusivamente vegetarianas, como los *chutney,* a los que no les hace falta un plato principal para lucirse?

En resumen: salsa no es únicamente eso que va acompañando a la carne o al pescado para que no estén insípidos. La salsa es precisamente el reino de la cebolla, el nabo, el puerro y el tomate. Sin estas bases, muchas salsas ni existirían. No se precisan grasas animales para hacer una buena salsa. Así que vamos a pasar a demostrar a los «salseros» que las salsas y los untes no son asunto exclusivo de carnívoros. Y las salsas vegetarianas están buenas absolutamente con todo.

Nuestro color favorito:

Rosa como el ajo

Nos encanta el ajo. Y nos encantan su olor y su sabor. El olor a ajo se debe a los compuestos sulfidos que contiene, que poseen un amplio efecto antibacteriano y son buenos para la diges- tión, el corazón, la tensión arterial y el colesterol. Para que estas propiedades se desplieguen correctamente será preciso picar los ajos y consumirlos rápidamente, antes de que se volaticen las sustancias beneficiosas. La forma en que los comamos queda a gusto del consumidor, por supuesto.

Bebidas vegetarianas

Leche de almendras

Muchos vegetarianos, aunque no sean muy estrictos, rechazan el consumo de bebidas como los batidos o los ponches, que contienen leche o huevo crudo. Como alternativa, ofrecemos nuestra leche de almendras con tofu. Así se hace:

Ingredientes para 4 vasos. Se tuestan en una sartén sin grasa 100 g de almendras sin piel, se hacen puré en la batidora con 800 ml de agua y se pasan por el colador. Se ponen en un bol y se añaden 4 cucharadas de jarabe de almendras (es un ingrediente para cócteles que se vende en buenos supermercados, pero se puede sustituir por jarabe de alerce o por miel), 100 ml de *amaretto* y 200 g de tofu blando. Se bate todo bien con la batidora y se sirve en vasos, adornado con nuez moscada.

¿Qué significa en realidad...
crudívoro?

El crudívoro sólo come alimentos vegetales crudos. La idea de esa filosofía es que los alimentos crudos, tal y como los comían nuestros antepasados, conservan de forma óptima su valor alimenticio. Los crudívoros comen mucha fruta, abundante verdura, hierbas y brotes, frutos secos y semillas. No comen legumbres ni muchos tipos de cereales, no comen carne, ni pescado, ni lácteos. Los huevos sí forman parte de la dieta de algunos crudívoros, pero en general este grupo tiene limitado por su alimentación el suministro de proteína, hierro o vitamina B_{12}. Subgrupos: frugívoros o frutarianos (sólo comen fruta y frutos secos), crudívoros moderados (sólo un 80% de verdura cruda) o crudívoros radicales que sólo se alimentan de frutos vegetales salvajes.

Toques caseros
Fondo de verduras

Si el fondo de carne y de pescado son caldos hechos a partir de esos ingredientes, el fondo de verduras está hecho sólo con vegetales.

Para 1/2 l hacen falta 2 cebollas, 1 diente de ajo, 2 zanahorias y 100 g de apio pelado y cortado en dados. Además, 1 puñado de champiñones limpios. Se tuesta todo en una cazuela grande con 1 pellizco de azúcar y 2 cucharadas de aceite. Se añade 1 cucharada de puré de tomate y se rehoga todo. Se añaden 50 ml de vino tinto y se deja que se consuma. Se vuelve a añadir vino y se repite la operación. Se espolvorea con 1 cucharada de harina y con 1/2 l de caldo de verduras. Se añade 1 hoja de laurel y se deja hervir a fuego lento durante 45 minutos. Se añade 1 cucharada de copos de levadura y se pasa por el pasapurés y por un colador. Sirve con patatas, verdura frita y huevos.

Del cajón de las verduras
¿Tiene sabor la soja?

Estimada tía Marga:
El sabor de la salsa de soja, pase. Pero ¿qué pasa con el resto de los derivados de la soja? La leche de soja sólo sabe a tetrabrik. El tofu es simplemente insípido. El saber que la soja es sana no me sirve de mucho consuelo si tengo que tragármela tapándome la nariz.

Laia (Valls)

La tía Marga responde:
Tienes razón, y además se te olvida un detalle: en el mismo saco de insipidez se pueden meter las salchichas y las hamburguesas de soja, y todas las demás variaciones que juegan a ser carne, sin serlo. A mí la soja sí me gusta mucho. Si tuvieras la suerte de ir a un restaurante japonés y tomar de aperitivo una cervecita con un par de vainas verdes de soja fresca, calentita y con sal gorda, te asombrarías de lo que cambia el sabor. Pero lo cierto es que también me gusta la soja procesada, en sopa, en ensalada o en puré. Y ahora también se puede conseguir leche de soja envasada que no sabe a cartón.

Y lo del tofu es cosa aparte, porque se supone que ha de tener un sabor neutro para no matar otros aromas. Eso precisamente es lo que hace en la sopa miso o en los platos que se hacen en el wok: acompañar sin ahogar. Está claro, eso sí, que depende mucho de la calidad del producto. Pasa lo mismo que con la *mozzarella*: hay mercancía industrial y hay un producto casero hecho de forma artesana. El mejor tofu se puede comprar en tiendas de dietética y en supermercados bien surtidos. O también se lo puede hacer uno mismo (página 63). Y si te gusta la salsa de soja, convendría que probaras también la pasta miso. La salsa miso oscura se hace también con vainas de soja. Anímate a probarla.

Salsa de tomate
Salsa hecha en el horno

Ingredientes para 4 raciones de salsa:

800 g de tomates muy maduros

unas ramitas de tomillo, romero y orégano

2 dientes de ajo

4 cucharadas de aceite de oliva

sal y pimienta molida

1 cucharada de azúcar glasé

1 Calentar el horno a 180 grados. Se lavan los tomates, se parten por la mitad y se colocan en una fuente para el horno con la superficie de corte hacia arriba.

2 Enjuagar las hierbas aromáticas, sacudirlas para que escurran y picarlas bien. Pelar y machacar el ajo y añadirlo al puré. Las hierbas aromáticas y el ajo se mezclan con el aceite y se salpimientan. Con esta mezcla se rocían los tomates.

3 Se meten los tomates en la bandeja del horno a 160 grados durante 20 minutos. Se rocían con azúcar glasé y se meten otros 20 minutos más en el horno, hasta que están muy tostados.

4 Se sacan del horno, la pulpa se rasca y se pone en un bol. Salpimentar y servir.

Tiempo que hay que invertir: 10 minutos
(+40 minutos en el horno)
Para acompañar se toma: pasta, hamburguesas vegetarianas, cereales fritos y ñoquis
Calorías por ración: 115

Sugerencia:

Empleando estos tomates al horno como base también se puede hacer una buena sopa. Una vez sacados del horno y extraída la pulpa, se mezcla con 1/2 l de caldo de verduras y 2 o 3 cucharadas de *crème fraîche* o queso fresco para untar. Se calienta en una cazuela. Se condimenta con sal y pimienta, o pimienta cayena. Antes de servir se adorna con unas hojitas de albahaca.

Salsa de calabaza
Resultona y barata

Ingredientes para 4 raciones de salsa:

1 trozo de calabaza de unos 500 g (si la corteza no es muy tierna, hay que pelarla)

1 cebolla

2 dientes de ajo

1 cucharada de bayas de enebro (de venta en herbolarios). Se puede sustituir por 1 cucharada de ginebra, que se añade a la calabaza directamente

2 cucharadas de mantequilla

1 vasito de caldo de verduras

sal y pimienta molida

1/2 manojo de borraja, perejil o albahaca

2 cucharaditas de vinagre de jerez

1 Lavar las calabazas y sacar las semillas y las fibras. Cortar en dados. Si la corteza es tierna, se puede comer. Si no, habrá que quitarla. Pelar los ajos y la cebolla, y cortarlos en trocitos. Las bayas de enebro se machacan en el mortero o se pican bien con el cuchillo.

2 Derretir la mantequilla en una cazuela. Rehogar la cebolla, el ajo y las bayas. Añadir la calabaza y seguir removiendo. Rociar el caldo y salpimentar. Tapar y dejar cocer a fuego lento durante unos 10 minutos.

3 Enjuagar y escurrir las hierbas aromáticas. Separar las hojas y picarlas bien. La calabaza de la cazuela se hace puré con la batidora de mano. Se condimenta con el vinagre y se salpimienta nuevamente si fuera necesario. Antes de servir se añaden las hierbas aromáticas.

Tiempo que hay que invertir: 30 minutos
Para acompañar se toma: pasta, hamburguesas vegetales, tofu frito
Calorías por ración: 70

Salsa de brécol
Simple, rápida y sabrosa

Ingredientes para 4 raciones de salsa:

2 chalotas o cebollas tiernas

4 ramitos de tomillo

1 ñora

300 g de brécol

2 cucharadas de mantequilla

300 ml de caldo de verduras

12 tomates pelados de lata

50 g de queso graso para untar

sal

1 Pelar las chalotas y cortarlas en dados pequeños. Lavar y escurrir el tomillo, y separar las hojitas. Machacar la ñora en el mortero. Lavar el brécol y cortar los cogollitos. El tallo se pela y se corta en dados.

2 Derretir la mantequilla en una cazuela. Rehogar las chalotas, condimentadas con el tomillo y la ñora, 1 o 2 minutos. Remover constantemente. Añadir el brécol y el caldo. Tapar y dejar cocer a fuego lento durante unos 10 minutos, hasta que esté blando.

3 Durante ese tiempo se cortan los tomates en cuadraditos. El brécol de la cazuela se hace puré con la batidora. Se le añade el queso para untar y los tomates, se sala y está listo para comer.

Tiempo que hay que invertir: 20 minutos
Para acompañar se toma: pasta, patatas hervidas o puré de patatas, hamburguesas vegetales o verdura empanada
Calorías por ración: 195

133

Salsa de vina-
gre balsámico

Buen balsámico,
buena salsa

Ingredientes para 4 raciones de salsa:

150 ml de vinagre balsámico

50 ml de fondo o caldo de verduras

1 ramita de romero

2 dientes de ajo, 1 ñora

1/2 cucharada de azúcar, miel

o jarabe de alerce

100 g de mantequilla, sal

1 En una cazuela pequeña se ponen el vinagre balsámico y el caldo. Lavar y escurrir el
romero. El ajo se pela y se parte por la mitad.
La ñora se machaca en el mortero, pero sin
chafarla demasiado.

2 Se echan en la cazuela el romero, el ajo,
la ñora y el azúcar (o sus sustitutos) y se les
da un hervor. Se deja que hierva 3 o 4 minutos, hasta que se haya evaporado un tercio.
Ahora se saca de la cazuela el romero, el ajo
y la ñora.

3 Cortar la mantequilla en trozos pequeños.
Mezclar la mantequilla con el vinagre con
una escobilla, hasta que resulte una salsa
cremosa. Se sala y se sirve inmediatamente.

Tiempo que hay que invertir: 10 minutos
Para acompañar se toma: verdura hervida o
al vapor (p. ej., espárragos, colinabo, zanahorias, brécol o topinambur), pasta o tofu
frito
Calorías por ración: 205

Le recomendamos...
La salsa también sabe bien si se hace con
vinagre balsámico blanco, aunque entonces
resulta menos aromática.

Salsa holandesa
con vainilla y
guindilla

Un clásico remozado

Ingredientes para 4 raciones de salsa:

1 vaina de vainilla

1 chalota o 1 cebolla tierna

2 hojas de laurel

50 ml de vino blanco

150 g de mantequilla

1/2 guindilla roja

3 yemas de huevos grandes

sal y un poco de zumo de limón

1 La vaina de vainilla se parte a lo largo y
se abre. Se sacan las semillas negras. Se
corta en pedazos. También la chalota apor-
tará su aroma a la salsa. Se pela y se corta
en daditos pequeños. Se pone a calentar una
cazuela con la chalota, la vainilla, las hojas
de laurel y el vino. Se deja que se evapore la
mitad del líquido.

2 A continuación se pone en el fuego una
olla grande y se llena hasta la mitad con
agua. Buscamos un bol (metálico, a ser
posible) que se pueda meter en la cazuela.
Tiene que estar metido en el agua hasta
la mitad.

3 La mantequilla se corta en trozos y se
derrite a fuego lento en otra cazuela. La
guindilla se lava. Se le extraen las pepitas y
la cáscara se pica bien.

4 La salsa de la chalota se cuela y se echa
en el bol al baño de maría. Se añaden las
yemas de huevo, la guindilla y la pulpa de la
vainilla. Se bate todo con la batidora hasta
obtener una crema clara y espesa.

5 A continuación se va añadiendo la mantequilla, primero gota a gota y luego en un
chorrito. No hay que dejar de remover en
ningún momento. Cuando se haya vertido
toda la mantequilla en el bol, tendremos una
salsa cremosa y espumosa. Se condimenta
con sal y zumo de limón. Y ya está lista.

Tiempo que hay que invertir: 30 minutos
Para acompañar se toma: espárragos o colinabo, patatas hervidas o tortitas de cereales
Calorías por ración: 345

Variación:

Salsa holandesa de finas hierbas

Se hace sin vainilla y sin guindilla. El fondo aromático se obtiene añadiendo un par de ramitas de estragón y perejil. Cuando tengamos la crema, se pican unas hojitas de estragón y se añaden a la salsa junto con zumo de limón. Esta variante se puede condimentar de forma adicional con un poco de cáscara de naranja o limón rallada, 1 pizca de pimienta cayena y pimentón picante.

Salsa de queso y avellanas

Una salsa rápida

Ingredientes para 4 raciones de salsa:

50 g de avellanas peladas

2 cebollas tiernas

100 g de queso gorgonzola

100 g de queso pecorino recién rallado, emmental o gouda

1/4 de l de leche

pimienta molida

nuez moscada recién molida

sal

1 Calentar una sartén y tostar las avellanas durante unos minutos. Remover continuamente para que se calienten por todas partes. A continuación se sacan y se frotan con un paño de cocina para quitar tanta piel marrón como sea posible. Después se machacan en el mortero en pedazos grandes.

2 Lavar las cebollas tiernas, cortar las raíces y eliminar las partes verdes mustias. Las partes blancas se cortan en anillos finos. Con las verdes se hacen anillos algo más gruesos que se reservan.

3 El queso gorgonzola se corta en dados y se pone en una cazuela con el queso rallado, los anillos finos de cebolla y la leche. Se cuece todo a fuego lento y removiendo hasta que el queso se deshaga. Ahora se añaden las partes verdes de la cebolla y las avellanas. Se condimenta todo con pimienta y nuez moscada. Se prueba de sal y se corrige si fuera necesario (depende del queso). En cualquier caso, salar con prudencia.

Tiempo que hay que invertir: 20 minutos
Para acompañar se toma: pasta, patatas o verdura (p. ej., judías verdes, puerro o pimientos)
Calorías por ración: 310

Sugerencia:

La salsa también se puede usar para gratinar en el horno. Con ella se pueden hacer gratines de patata, de pasta o de verdura (p. ej., acelgas, espinacas, calabacines, tomates o espárragos).

Salsa de guindilla agridulce
Ideas asiáticas

Ingredientes para 4 raciones de salsa:

100 g de guindillas rojas

2 dientes de ajo

1 chalota, 1 cucharadita de sal

50 ml de vinagre de arroz (se puede sustituir por un vinagre de jerez blanco)

80 g de azúcar

1 Lavar las guindillas y cortarles el pedúnculo. Picarlas bien, incluyendo las semillas. Pelar el ajo y las chalotas, y picarlos en trozos grandes. Estos ingredientes se ponen en la picadora y se pican bien. Tiene que quedar bien picado, sin llegar a ser puré.

2 La mezcla se pone a calentar en una cazuela con 1/4 de l de agua, sal, vinagre y azúcar. Se deja cocer durante 15 minutos, hasta que empieza a espesar. Se remueve de vez en cuando.

3 La salsa se guarda en una botella o un frasco con tapa con capacidad para 1/4 de l. Se envasa cuando está aún caliente y el recipiente se tapa enseguida. Esta salsa se conserva así al menos medio año. Una vez abierta, se conserva en el frigorífico.

Tiempo que hay que invertir: 25 minutos (+15 minutos de tiempo de cocción)
Para acompañar se toma: rollitos de primavera (se pueden comprar congelados con relleno vegetal), todos los platos de pasta asiática, patatas fritas y verdura frita
Calorías por ración: 85

Le recomendamos...

En lugar de las guindillas se pueden tomar 100 g de ciruelas negras deshuesadas, que se parten en daditos. La salsa se prepara tal y como se indica arriba, pero esta vez se emplean 150 g de azúcar.

Nuestra sugerencia:

Pasta y tofu con salsa picante

Cortar un envase de tofu de 300 g en daditos y freír bien en 2 o 3 cucharadas de aceite. Preparar 400 g de pasta china de trigo o alforfón siguiendo las instrucciones del envase. Escurrir. Lavar, limpiar y cortar en anillos 2 o 3 cebollas tiernas y mezclarlas con el tofu. Se sirve en cuencos y se condimenta con salsa de soja y la salsa de guindilla agridulce. Así tendrá una cena rápida, sencilla y sabrosísima.

Crema de *wasabi* y manzana
Suave y picante a un tiempo

Ingredientes para 4 raciones de salsa:

1 manzana ácida

1 cucharada de zumo de limón

2 cucharadas de zumo de manzana

250 g de *quark* (requesón) o queso fresco para untar

150 g de nata agria o yogur

2 cucharaditas de *wasabi* (crema japonesa de rábano verde picante que se vende en tubo en comercios orientales y en grandes supermercados)

sal, 1 pizca de azúcar

2 tallos de cilantro (se puede sustituir por apio)

1 La manzana se corta en 4 trozos y se pela. Se eliminan las semillas y se corta el resto en daditos o se ralla. La manzana rallada se pone en una cazuela con el zumo de limón y se le da un hervor. Se quita del fuego, se tapa y se deja reposar brevemente.

2 De hace una pasta con el *quark* y el *wasabi*. Se le añaden la manzana y su zumo, y se condimenta todo con sal y azúcar. El

cilantro se enjuaga y se escurre. Se rompen unas hojas y se adorna con ellas la salsa.

Tiempo que hay que invertir: 15 minutos
Para acompañar se toma: grisines, rebanadas de pan tostado o trocitos de hortalizas para untar
Calorías por ración: 90

Le recomendamos...

Se puede sustituir la manzana por mango o papaya. En lugar de cilantro o apio se pueden usar ajetes o cebolletas.

Salsa picante de pepino

Un acompañamiento muy refrescante

Ingredientes para 4 raciones de salsa:
1 pepino, 1 cebolla
4 dientes de ajo, 2 o 3 guindillas
1/2 manojito de perejil
2 cucharadas de aceite de sabor neutro
1 cucharadita de semillas de hinojo
1 vasito de zumo de manzana
1 cucharaza de vinagre de manzana (se puede sustituir por un vinagre fino de jerez)

2 cucharaditas de azúcar, sal
2 cucharaditas de fécula

1 Pelar el pepino y cortarlo por la mitad a lo largo. Vaciarlo con una cuchara. Cortarlo en daditos.

2 Pelar y cortar las cebollas y los ajos en daditos muy pequeños. Las guindillas se lavan y se les cortan los rabos. Se pican muy bien, incluyendo las semillas, que son las que contienen el picante. Lavar el perejil y sacudirlo para quitarle el agua. Picar las hojas.

3 Calentar el aceite de oliva en una cazuela. Cuando esté caliente, rehogar la cebolla, el ajo, las guindillas y las semillas de hinojo durante 2 o 3 minutos, sin dejar de remover. A continuación se añaden los dados de pepino, el perejil, el zumo y el vinagre. Se condimenta con sal y azúcar. Se tapa y se deja hervir a fuego lento unos 5 minutos.

4 La fécula o el almidón se mezclan con un poco de agua. Se añade a los pepinos y se le da un hervor. Se echa en una fuente para que se enfríe.

Tiempo que hay que invertir: 30 minutos
Para acompañar se toma: *chips*, grisines o pan de pita. También se pueden untar hortalizas asadas (pimientos o berenjenas). O patatas asadas. En ese caso se adorna con una nubecita de nata agria
Calorías por ración: 75

Ketchup al curry

Un ketchup especial

Ingredientes para 4 raciones de salsa:
2 dientes de ajo, 300 g de tomates
50 g de piña de lata
1 cucharada de aceite de sabor neutro
1 cucharadita de mostaza en polvo
1/2 cucharada de curry picante
3 cucharadas de azúcar, sal

1 Pelar los ajos y cortarlos en trocitos. Los tomates se escaldan y se pelan. Se pelan en trocitos muy pequeños, junto con la piña.

2 Calentar el aceite de oliva en una cazuela. Rehogar el ajo durante 2 o 3 minutos, sin dejar de remover. Añadir a la cazuela el tomate y la piña, la mostaza, el curry y el azúcar. Se sala y se deja cocer sin tapar durante unos 20 minutos. Se hace puré con la batidora de mano y se deja enfriar. Añadir sal y pimienta, y ya está. Hay que consumirlo en las próximas semanas.

137

Tiempo que hay que invertir: 20 minutos
(+20 minutos de tiempo de cocción)
Para acompañar se toma: patatas fritas, por supuesto, *chips* o legumbres asadas
Calorías por ración: 80

Chutney de melocotón

Aroma veraniego para todo el año

Ingredientes para 3 frascos de unos 200 ml cada uno:

4 o 5 melocotones (aproximadamente 600 g)

1 tallo de hierba limón o limoncillo (puede usarse en polvo)

1 guindilla verde

2 cucharaditas de comino

2 cucharaditas de cilantro

el zumo de 1 limón grande

2 cucharaditas de pimienta verde en grano (también vale la negra)

100 g de azúcar

1 pizca de canela molida, sal

2 tallos de albahaca

1 Pelar los melocotones y partirlos por la mitad. Sacar el hueso y cortar la carne en rodajas finas.

2 Del limoncillo se elimina la capa exterior y las dos puntas. Se lava y se pica bien. Lavar la guindilla y quitarle el pedúnculo. Cortarla en anillos, semillas incluidas. Poner a calentar una sartén pequeña y tostar el comino y el cilantro durante 1 o 2 minutos, sin dejar de remover. Sacar de la sartén y machacar un poco en el mortero.

3 Los melocotones se ponen en una cazuela con el limoncillo, la guindilla, las especias y el zumo de limón. Los granos de pimienta se chafan un poco con el mortero, sin llegar a romperlos. A continuación se añaden a los melocotones, junto con el azúcar, la canela y 1 cucharadita de sal. Se deja hervir a fuego lento y sin tapar durante unos 30 minutos, hasta que espesa.

4 Lavar la albahaca y sacudirla para quitarle el agua. Arrancar las hojas y cortarlas en tiritas. Las tiras de albahaca se añaden al *chutney*. Una vez preparado, se guarda en frascos limpios y calientes que se tapan inmediatamente.

Tiempo que hay que invertir: 25 minutos
(+ 30 minutos de tiempo de cocción)
Para acompañar se toma: tofu frito, arroz frito, platos con curry y pan con queso curado
Calorías por frasco: 195

Le recomendamos...

Los melocotones se pueden sustituir por albaricoques o ciruelas negras.

Pesto variable

Un clásico con muchas posibilidades

Ingredientes para 1 frasco de unos 200 ml:

100 g de rúcula u oruga, ajetes o diente de león o perejil (o una mezcla de varias)

50 g de piñones, pipas de girasol o calabaza, o almendras peladas

80 ml de aceite de oliva de buena calidad

2 cucharadas de queso parmesano rallado (también vale el manchego)

sal y pimienta molida

1 o 2 dientes de ajo (sólo si no se usan ajetes)

1 Las hierbas aromáticas se enjuagan y se escurren. Se eliminan los tallos gruesos y se pica el resto. Es mejor picar con el cuchillo sobre la tabla de cortar que usar la batidora.

2 Las hierbas aromáticas se ponen en la batidora con las pipas y el aceite, y se hace una pasta. Se pone en un bol. Se añade el queso y se salpimienta.

3 Los dientes de ajo se machan en el mortero y se añaden. Se remueve todo bien y ya está listo. El pesto se puede usar inmediatamente o se puede guardar en un frasco

impio con tapa de rosca. Si se guarda,
conviene cubrirlo con un chorro de aceite
de oliva.

Tiempo que hay que invertir: 15 minutos
Para acompañar se toma: pasta recién hecha
(se le puede añadir al pesto un poco del
agua de hervir la pasta para soltarlo un
poco), verdura hervida, pan tostado, huevos
duros o pasados por agua (en ese caso se
puede enriquecer el pesto con 1 tomate cortado en daditos)
Calorías por frasco: 990

Sugerencia:

El pesto cubierto de aceite se puede conservar en el frasco durante varias semanas.
También se puede hacer pesto con avellanas.
En ese caso, un chorrito de aceite de
cacahuete le da un aroma muy singular.

Frutos dulces con mostaza
Un invento italiano

Ingredientes para 4 frascos de 1/4 de l
cada uno:

2 higos secos

50 ml de vino de misa o vino quina

1 kg de peras y manzanas mezcladas (los

membrillos también saben bien, pero cuesta

más trabajo prepararlos)

300 g de azúcar

4 cucharadas de mostaza

1 cucharada de zumo de limón

1 pizca de sal

1 Cortar los higos en daditos lo más pequeños posible y ponerlos en remojo con el vino
de misa. Dejar que reposen.

2 Partir las peras y las manzanas en 4 trozos
y pelarlas. Sacar las pepitas y cortar la carne
en dados.

3 Poner los higos con el vino y la fruta en una
cazuela con azúcar y removerlo todo bien.
Dejar reposar 1 o 2 horas, hasta que se haya
disuelto el azúcar y el jugo se vea en el tarro.

4 A continuación se pone a hervir la cazuela
y se añaden la mostaza, el zumo de limón y
la sal. Tapar dejando un resquicio para que
salga el vapor y dejar cocer a fuego lento
durante 1 hora. Remover de vez en cuando.

5 Al cabo de ese tiempo se chafan todo
bien con un tenedor. No tiene que estar
hecho puré. Se deja que hiervan unos
10 o 15 minutos más. A continuación se
guardan en frascos limpios y calientes que
se tapan inmediatamente. Se conserva por
lo menos medio año.

Tiempo que hay que invertir: 40 minutos
(+ 1 o 2 horas de reposo y 1 hora y cuarto de
tiempo de cocción)
Para acompañar se toma: cualquier tipo de
queso, desde camembert hasta manchego
Calorías por frasco: 440

Le recomendamos...

Se le puede añadir mascarpone o nata y
usarlo para untar en el pan o para remozar
un bizcocho.

Puré de ajos

Para tomar frío o
caliente

Ingredientes para 4 raciones:

2 cabezas de ajos enteras

1/4 de manojito de perejil

2 cucharadas de aceite de oliva

sal

pimienta molida

100 g de nata

1 cucharadita de zumo de limón

1 Calentar el horno a 180 grados. Las cabezas de ajo se lavan y se parten por la mitad a lo ancho. El tallo se corta. Se coloca todo en un molde para el horno con la cara cortada hacia arriba.

2 Lavar y enjuagar el perejil, picar bien las hojitas y mezclar con aceite de oliva. El ajo se salpimienta y se rocía con el aceite con perejil. Se mete la fuente en el horno (a 160 grados si es un horno con ventilador). Se gratina durante unos 30 minutos, hasta que el ajo se pone blando.

3 Se les quita la piel con la punta del cuchillo y se baten en la batidora junto con la nata, hasta obtener un puré cremoso. Se condimenta con sal, pimienta y zumo de limón y se puede comer frío o caliente.

Tiempo que hay que invertir: 10 minutos
(+ 30 minutos en el horno)
Para acompañar se toma: verdura frita o asada, queso de oveja con tomates o pan de pita. También está riquísimo como salsa para untar hortalizas crudas.
Calorías por ración: 145

Le recomendamos...

Añadir al puré azafrán diluido en agua. El puré también se puede condimentar con curry o con guindilla. Se pueden añadir daditos de pimiento rehogados. En ese caso se condimenta con pimentón. Al final se le añade perejil crudo fresco. También se le puede añadir rúcula o albahaca.

Mayonesa con tomate y aceitunas

Las ventajas de una
mayonesa hecha con
huevo duro.

Ventaja número 1: dura más. Incluso en verano se puede conservar 1 o 2 días.
Ventaja número 2: es más espesa y no queda líquida.

Ingredientes para 4 raciones de salsa:

2 huevos duros

1 cucharada de jerez seco o caldo de verduras

1 cucharadita de mostaza picante

2 cucharaditas de zumo de limón

80 ml de aceite de oliva

2 tomates

50 g de aceitunas negras

un par de tallos de perejil o albahaca

sal y pimienta molida

1 Pelar los huevos y partirlos por la mitad a lo largo. Poner las yemas en un bol y aplastarlas con un tenedor. Añadir el jerez.

2 Añadir la mostaza y el zumo de limón. Batir con la batidora de mano. Añadir poco a poco el aceite de oliva, sin dejar de batir.

3 Cortar el ombligo de los tomates, escaldarlos y pelarlos. Los tomates se parten por la mitad. Se exprimen las dos mitades para quitarles las semillas. Cortar la pulpa del tomate en daditos. Deshuesar las aceitunas y picarlas bien. Enjuagar y escurrir las finas hierbas y picarlas bien.

4 A continuación se añaden los tomates, las aceitunas y las hierbas a la salsa. Se mezcla todo y se salpimienta.

Tiempo que hay que invertir: 25 minutos
Para acompañar se toma: pan tostado, hortalizas crudas para untar u hortalizas asadas (p. ej., berenjenas, calabacines y pimientos)
Calorías por ración: 220

Sugerencia:
Se pueden rellenar con esta salsa las claras de los huevos duros y obtener así huevos rellenos.

Salsa de aguacates
Campeona en fiestas

Ingredientes para 4 raciones de salsa:

1 aguacate pequeño

1 cucharada y media de zumo de limón

1 tomate pequeño

1 cebolla roja

1 trozo de pepino (unos 100 g)

1 pepinillo en vinagre

1/2 manojo de eneldo (se puede sustituir por cilantro)

50 g de mayonesa de bote

70 g de nata

1 cucharadita de mostaza picante

2 cucharaditas de alcaparras

sal y pimienta molida

1 El aguacate se corta por la mitad, hundiendo el cuchillo hasta el hueso. Se abre, se deshuesa y se pela. La pulpa se corta en daditos. A continuación se rocía con el zumo de limón para que no negree.

2 Lavar los tomates y cortar en dados muy pequeños. Eliminar el ombligo. Las cebollas se pelan y se pican bien. El pepino se pela y se corta en daditos. También el pepinillo se hace trocitos. Lavar el eneldo y sacudirlo para quitarle el agua. Picar bien las hojas.

3 Mezclar la mayonesa con la nata y la mostaza. Añadir el aguacate, el tomate, la cebolla, los dos pepinos, el eneldo y las alcaparras. Salpimentar y servir.

Tiempo que hay que invertir: 15 minutos
Para acompañar se toma: huevos pasados por agua, hortalizas empanadas, patatas hervidas, asadas o fritas o simplemente pan de pita
Calorías por ración: 235

Le recomendamos...
Esta salsa también se puede hacer con mango en lugar de aguacate. Y también con apio o colinabo.

Dulces y

El postre como sorpresa.

postres

«¿Cómo que postres vegetarianos? ¡Pero si los postres no llevan carne! ¡Valiente tontería!» Aunque el postre en general es de por sí apto para los que no comen carne, la verdad es que los postres vegetarianos tienen un toque especial y por sus ingredientes poco usuales constituyen un enriquecimiento a la repostería tradicional. Junto a clásicos como el arroz con leche y cerezas, nos encontraremos a exóticos como las tortitas de caramelo, o a los novedosos, como el postre de plátano gratinado con jengibre y hierba limona.

Y otra sorpresa que ofrecen los vegetales a la hora de hacer postres es que también con hortalizas y verduras como las patatas, los tomates o las cebollas se pueden elaborar ricos postres. Aunque le parezcan raros, no deje de probarlos.

Nuestro color favorito:

Dorado trigo

¿A que suena hermoso? Dorado como el trigo, amarillo trigo, campos dorados... Pocos son los cereales que tienen el privilegio de semejante trato de favor en el léxico español. Y además, el trigo proporciona al organismo un rico aporte de fibra dietética, que tiene un beneficioso efecto sobre el intestino, sobre la presión arterial y sobre el colesterol. Todo ello redunda, como es sabido, en favor del corazón. Si se consumen cereales y legumbres en abundancia, el organismo contará con suficientes fitoestrógenos (especialmente presentes en la soja), que previenen el cáncer de mama, y fitoesterinas, que mejoran el nivel de colesterol. Además de saponina, otro sanísimo elemento natural que se puede encontrar, sobre todo, en las legumbres.

Bebidas vegetarianas

Café de malta

Aunque el nombre suene a sin sentido (la malta es un cereal y no tiene que ver con el café), pedimos permiso para usar esta expresión de la abuela, de una época de posguerra en la que el café era un producto de lujo y se empleaba la humilde malta tostada como sustituto para preparar el café con leche de toda la vida. La malta ha pasado ahora a convertirse en un raro producto con escasa presencia en los supermercados, empujada por decenas de aromáticas marcas de café, pero la moda la ha traído de vuelta por la puerta grande de las tiendas de dietéticas. El café de malta se puede hacer de maravilla en la cafetera exprés. Y aquí tenemos la forma de preparar 4 tazas.

Se prepara como café normal en la cafetera exprés (unos 200 ml de agua hirviendo para 4 tazas). Se sirve con leche caliente y se endulza con azúcar blanco, moreno o con azúcar cristalizado.

pseudovegetariano?

No hay asociaciones, ni foros de Internet, ni libros sobre *pseudo-vegetarianismo*. Es más: ni siquiera los *pseudovegetarianos* saben que lo son. Y es que el atributo *pseudovegetariano* se lo damos nosotros a quienes, por puro desinterés por la cocina y la alimentación, dejan de comer carne y pescado. No transcurre mucho tiempo hasta que se manifiestan las primeras consecuencias: hambre de lobo que se satisface con sopitas de sobre, pizzas grasientas y flan de polvos. Semejante dieta no es precisamente sana. Por eso sugerimos mejorar las costumbres alimenticias antes de que nuestra salud se resienta.

Toques caseros
Nata de soja

Hasta ahora todos los toques caseros que hemos ido presentando han sido sin lácteos ni huevos. Ahora nos atrevemos a meter a los veganos en la misma boca del lobo, allí donde fluyen la leche y la mantequilla: en el mundo de la pastelería. Uno de los elementos importantes en repostería es la nata, así que vamos a buscar una alternativa a la nata hecha con leche de vaca. Se puede hacer nata con leche de soja (siempre que sea una leche de soja apropiada para ello), pero con lo que sale siempre una buena nata vegetariana es con leche de coco. Importante es que estén muy frías y que se batan añadiendo un poco de almidón y azúcar por cada 1/4 de l. Con la batidora se podrá levantar hasta conseguir una nata bastante consistente. Si bien no es igual que la original nata de leche, es un buen sustituto.

¿Todo el mundo se ha vuelto *vegeta?*

Estimada tía Marga:
Tengo la impresión de que cada vez hay más gente vegetariana. ¿Es cosa de moda, o es cosa de nuestro entorno? ¿Pasa lo mismo en todas partes? **Pablo (Cartagena)**

La tía Marga responde:
La enfermedad de las vacas locas aumentó el número de vegetarianos en toda Europa. En Alemania, el 8 por ciento de la población es vegetariana. En Austria y Suiza, son vegetarianos entre el 3 y el 4 por ciento. Los holandeses y los italianos suben al 4 o 5 por ciento, mientras que en Francia, Bélgica, España y Portugal sólo un 2 por ciento de la población es vegetariana. Todavía hay menos vegetarianos en el Este de Europa, pero para contrarrestar, el 9 por ciento de los ingleses y el 6 por ciento de los irlandeses son vegetarianos.

Es difícil hacer cálculos para el resto del mundo. Que en África hay muchos vegetarianos involuntarios es algo que todos sabemos. En los países asiáticos se puede presumir que tradicionalmente hay más vegetarianos que en occidente, pero no contamos con estadísticas fiables. Los estadounidenses sí que tienen buenas estadísticas: 4 de cada cien son vegetarianos. Y un 3 por ciento de los australianos también lo son. El récord mundial está en manos de los indios: en la India, entre el 15 y el 20 por ciento de una población de mayoría hindú es vegetariana. La vaca es un animal sagrado, y el sacrificio de terneros está penado en muchas regiones del país. Por eso consideramos que precisamente la vaca es el icono del mundo vegetariano.

Panqueques con salsa de caramelo

Para el desayuno o la merienda

Ingredientes para 4 (20 panqueques):

2 cucharadas de mantequilla

200 g de harina

2 cucharaditas de levadura en polvo

1 pizca de sal

150 g de yogur natural líquido

o 150 ml de leche

2 huevos grandes

2 cucharadas de azúcar

mantequilla para la sartén

Para la salsa de caramelo:

80 g de azúcar

375 ml de leche, 1 huevo

4 cucharaditas de fécula

1 Derretir la mantequilla en una sartén, retirarla del fuego y esperar a que se enfríe un poco. Mezclar la harina, la levadura y la sal en un bol. En otro bol se mezclan la mantequilla, el yogur o la leche, los huevos y el azúcar, y se remueve todo bien con la batidora de mano. Se añade la harina, se mezcla todo bien y se deja reposar unos 15 minutos.

2 En una cazuela se calienta el azúcar para la crema, hasta que esté líquido y algo tostado. A continuación se añade un vasito de agua hirviendo y se deja que hierva hasta que se vuelva a derretir el caramelo que se había pegado al añadir el agua.

3 Se separan 2 cucharadas de leche y se calienta el resto en una cazuela. Se añade al caramelo. Se casca el huevo y se separan la clara y la yema. La yema se bate con la fécula y las 2 cucharadas de leche fría. Se añade a la cazuela del caramelo batiéndolo bien con la escobilla y dándole un hervor. En cuanto hierva una vez, se retira del fuego. La clara se bate hasta hacer un merengue bien duro y se va añadiendo a

la salsa de caramelo batiendo bien con la escobilla. Se tapa y se mantiene caliente.

4 Calentar el horno a 70 grados (si es un horno con ventilador, 50 grados) y meter una bandeja o una fuente resistente al calor.

5 En una sartén grande (a ser posible antiadherente) se calienta la mantequilla. Con el cucharón se va cogiendo la masa y se fríe en la sartén con fuego medio durante 2 o 3 minutos por cada cara. Se les da la vuelta y se fríen por el otro lado. Conforme se van haciendo, los panqueques se guardan en la fuente dentro del horno para mantenerlos calientes.

6 Cuando están todos hechos, se remueve la salsa de caramelo y se sirve en la salsera. Se sirve todo inmediatamente y los panqueques se comen rociándolos con la salsa.

Tiempo que hay que invertir: 45 minutos
Para acompañar se toma: plátano asado, frutos del bosque (frambuesas, fresas) o rodajas de melocotón
Calorías por ración: 530

Sugerencia:

También se puede hacer una salsa fría de caramelo mezclando 4 cucharadas de azúcar con dos de agua. Se calienta hasta que el azúcar se disuelva y quede un jarabe tostado. Entonces se retira del fuego. Se añaden 200 g de nata o de leche con 1 cucharada de polvo de crema de vainilla. Se vuelve a calentar, removiendo constantemente hasta que hayamos obtenido una cremosa salsa de caramelo. Se deja enfriar. Cuando esté fría, se le añade 1 cucharada de zumo de lima, limón o naranja.

Nockerl
El merengue de Salzburgo

Ingredientes para 4 raciones:

1 vaina de vainilla

50 ml de leche

1 cucharadas de mantequilla

medio limón sin tratar

6 huevos medianos

sal

60 g de azúcar

3 yemas de huevos grandes

10 g de harina

10 g de fécula (almidón de cocina)

azúcar glasé para espolvorear

Para la salsa de frutos del bosque:

500 g de frutos del bosque variados
(frambuesas, moras, fresas y grosellas)

50 g de azúcar

1 cucharada de *crème fraîche*

1 La vaina de vainilla se abre por la mitad, se le sacan las semillas y se ponen la vaina y las semillas a calentar en una cazuela pequeña con la miel y la mantequilla. Cuando está caliente, se retira del fuego y se deja que repose. Lavar la media naranja con agua caliente y rallar la cáscara. Calentar el horno a 230 grados (si es un horno con ventilador, 200 grados) y preparar una fuente oval y no muy honda.

2 Poner las yemas y la sal en una cazuela y batirlas a punto de nieve con la batidora de mano. Cuando estén más bien duras se empieza poco a poco a añadir el azúcar y se sigue batiendo hasta que se obtiene un merengue duro.

3 Ahora se baten las yemas y se les añade un tercio del merengue. Esta mezcla de yemas y merengue se añade al resto del merengue removiendo suavemente con un tenedor, sin batir. Se mezclan por separado la harina, el almidón y la cáscara de limón, y se añaden también suavemente.

4 Sacar la vaina y verter la leche en el molde. Con un cucharón se cogen 4 montones de la masa de merengue y se colocan uno junto al otro en el molde con la leche. Ya se puede meter en el horno (en el centro). Se cocerá durante 10 o 12 minutos, hasta que las montañas o *nockerl* de merengue estén bien doradas. Atención: no abrir en ningún caso la puerta del horno antes de ese tiempo. De lo contrario, nuestras montañas de merengue se convertirán sin remisión en llanuras.

5 Mientras se hace el merengue en el horno, se eliminan las bayas pasadas y se lavan y escurren las demás. Se mezcla el azúcar con la *crème fraîche* y se añaden los frutos del bosque. Los *nockerl* se rocían con azúcar glasé y se sirven inmediatamente. Se comen acompañados de la salsa de frutos del bosque.

Tiempo que hay que invertir: 40 minutos
Calorías por ración: 310

Bizcocho gratinado con frutas

Una forma original de presentar un bizcocho vulgar

Ingredientes para 4 raciones abundantes:

750 g de manzanas o 2 mangos

2 cucharadas de zumo de limón

1 cucharada de canela molida (sólo si se hace con manzanas)

250 g de bizcocho (comprado en el supermercado o en la panadería)

2 huevos grandes

200 g de nata o *crème fraîche*

4 cucharadas de azúcar

2 cucharadas de mantequilla + mantequilla para engrasar

1 Las manzanas se pelan y se cortan en 4 trozos. Se eliminan las semillas y se cortan a lo largo en rodajas finas. Se mezclan con el zumo de limón y la canela. Si se hace con mangos, se pelan y se cortan en rodajitas, eliminando el hueso. Las rodajas más grandes se parten en dos. El mango se mezcla con el zumo de limón.

2 Calentar el horno a 180 grados. Untar con abundante mantequilla una fuente rectangular para el horno.

3 Cortar el bizcocho en rebanadas (si se compra en el supermercado puede que venga ya cortado). Batir los huevos con la nata y el azúcar.

4 Ahora se van colocando capas de bizcocho y fruta en el molde. Se rocía todo con la crema de huevo. La mantequilla se corta en trocitos y se reparte sobre el bizcocho. Se mete la fuente en el horno (a 160 grados si es un horno con ventilador). Se gratina durante unos 30 minutos, hasta que se haya formado una costra tostada por encima. Antes de servir se deja reposar brevemente.

Tiempo que hay que invertir: 20 minutos (+ 30 minutos en el horno)
Calorías por ración: 430

Le recomendamos...

Cualquier tipo de bizcocho casero que haya resultado muy seco se puede «alegrar» sirviéndolo como indica esta receta. Se puede aprovechar la fruta de temporada: también saben bien las peras, las moras, los albaricoques y los melocotones.

Budín de nueces

Para hacerlo se necesita un molde de budín con tapadera

Ingredientes para 4 buenas meriendas o para 6 postres

150 g de avellanas peladas

100 g de dátiles, higos secos u orejones (albaricoques secos)

4 cucharadas de licor de naranja, jerez dulce, oporto o un zumo de frutas sin azúcar

1 naranja sin tratar

medio limón sin tratar

50 g de chocolate amargo

4 huevos medianos, 1 pizca de sal

80 g de mantequilla, 100 g de azúcar

1 cucharada de cacao en polvo

1/2 cucharadita de canela molida

1 pizca de anís molido, otra de pimienta y otra de clavo

mantequilla y pan rallado o harina para el molde

1 Calentar el horno a 180 grados (si es un horno con ventilador, 160 grados) y preparar el molde: se unta bien con mantequilla y se

rocía con pan rallado. Las avellanas se tuestan durante 15 minutos en el horno. Luego se sacan, se colocan en un paño de cocina, se hace un nudo y se frotan bien para que se les caigan las pieles. Se deja que se enfríen y se rallan.

2 Mientas las avellanas están en el horno, se cortan a daditos los dátiles, los higos o los orejones y se mezclan con el licor de naranja, el jerez, el oporto o el zumo. Lavar la naranja y el limón con agua caliente y rallar la cáscara. Colocar el chocolate en una tabla y picar con un cuchillo grande.

3 Se abren los huevos y se separan las claras de las yemas. Se baten a punto de nieve. En otro bol se baten con la batidora de mano la mantequilla y el azúcar, y después las yemas. Las yemas batidas se van añadiendo con el tenedor sobre el merengue. Poco a poco se añaden también las avellanas y los frutos secos, el cacao, la canela y el chocolate. Se mezcla todo con una espátula, sin batir ni remover demasiado.

4 La masa se coloca en el molde y se cierra bien. En una olla grande se pone a calentar agua abundante. Cuando rompe a hervir, se pone el molde en el agua, se baja el fuego y se deja que el budín cueza durante 1 hora y 20 minutos. Al cabo de ese tiempo se saca el molde del agua y se deja reposar brevemente. Se abre y se vuelca con cuidado sobre una fuente.

Tiempo que hay que invertir: 30 minutos (+ 1 hora 20 minutos en el horno)
Para acompañar se toma: salsa de caramelo, salsa de vainilla o un puré de albaricoques o melocotones arreglado con un chorrito de zumo, nata o vino espumoso
Calorías por ración: 760

Plátanos al gratín
Sabor tropical

Ingredientes para 4 raciones abundantes:

1 tallo de hierba limón o limoncillo (puede usarse en polvo)

1 limón o 1 lima sin tratar

1 pedazo de jengibre fresco (de unos 2 cm)

4 plátanos

4 huevos grandes

50 g de mantequilla

100 g de azúcar

500 g de *quark* (requesón) o queso fresco para untar

50 g de sémola de trigo duro (puede ser integral)

mantequilla para untar el molde

azúcar glasé para espolvorear

1 Cortar las puntas del limoncillo y eliminar la piel exterior. Se lava y se pica bien. Se lava con agua caliente el medio limón, se ralla la piel y se exprime el zumo de una mitad. Pelar el jengibre y cortarlo en trocitos menudos.

2 Calentar el horno a 180 grados. Se unta con mantequilla un molde para el horno. Se pelan los plátanos y se cortan a lo largo. Se van colocando en el molde y se rocían con zumo de limón para que no negreen.

3 Se abren los huevos y se separan las claras de las yemas. Las yemas se ponen en un bol con la mantequilla y el azúcar, y se baten con la batidora de mano hasta obtener una crema. Se añaden el *quark,* el limoncillo, la cáscara de limón, el jengibre y la sémola.

4 Las claras se baten a punto de nieve con la batidora de mano (habrá que limpiarla y secarla bien porque el merengue no sale si hay restos de humedad o grasa). Con una espátula se reparte este merengue en la masa de *quark* y se rocía sobre los plátanos. Se mete la fuente en el horno (a 160 grados si es un horno con ventilador). Se gratina unos 40 minutos, hasta que se ha formado una costra tostada por encima. Antes de servir se rocía con azúcar glasé.

Tiempo que hay que invertir: 25 minutos (+ 40 minutos en el horno)
Para acompañar se toma: crema de chocolate (exclusivo para los golosos)
Calorías por ración: 550

Arroz con leche y cerezas
Un pecado... venial

Ingredientes para 4 raciones abundantes:

500 g de cerezas o picotas

4 cucharadas de azúcar moreno

1 ramita de canela

50 ml de vino de oporto, zumo de cereza sin azúcar o zumo de naranja

2 vainas de vainilla

3 cucharadas de mantequilla

350 g de arroz redondo, 1 l de leche

2 cucharadas de miel o jarabe de alerce

1 cucharada de mascarpone

Para la costra:

80 g de pan integral

2 cucharadas de mantequilla

1 cucharada de azúcar

1/2 cucharadita de canela

1 Lavar y deshuesar las cerezas. En una cazuela se ponen a calentar el azúcar, la ramita de canela, el oporto y el zumo. En la misma cazuela se vierten las cerezas, se tapan y se dejan a fuego lento 10 minutos. Al cabo de ese tiempo se retira la cazuela del fuego.

2 La vaina de vainilla se corta a lo largo y se le sacan las semillas. Se parte la vaina por la mitad.

3 En una cazuela se derrite la mitad de la mantequilla y se rehogan durante 1 minuto las vainas de vainilla y las semillas. Se añade el arroz, se remueve y se pone a fuego lento. A continuación se empieza a añadir poco a poco la leche al arroz, diluida con un poco de agua (un vasito). Se deja que cueza el arroz hasta que esté cremoso y no demasiado blando. Es preciso removerlo con frecuencia.

4 Mientras se hace el arroz hay que romper el pan en pedacitos. Cuando el arroz está listo, se le añade el resto de la mantequilla con la miel y el mascarpone. Se tapa y se deja reposar.

5 En una sartén se derrite la mantequilla y se rehogan el pan, el azúcar y la canela durante 3 o 4 minutos, hasta que estén bien tostados. Se sacan las vainas del arroz. Las cerezas se escurren y se mezclan con el arroz. Se sirve directamente en platos, adornado con el pan con azúcar.

Tiempo que hay que invertir: 50 minutos
Se toma como postre después de: una sopa ligera o una ensalada
Calorías por ración: 805

Croquetas de alforfón en salsa de albaricoques
Es fácil y sabe muy bien

Ingredientes para 4 raciones abundantes:

1/4 de l de leche, 1 sobre de azúcar de vainilla

125 g de alforfón molido (de venta en comercios de dietética)

250 g de *quark* (requesón) o queso para untar

2 huevos grandes, 50 g de azúcar

1 cucharadita de canela molida, sal

Para la salsa de albaricoques:

500 g de albaricoques

3 cucharadas de azúcar

50 ml de jarabe de arce (se puede sustituir por una miel líquida)

50 g de nata

la cáscara de 1/2 limón sin tratar

1 La leche se pone a calentar con el azúcar de vainilla. Cuando rompe a hervir, se añade el alforfón, se tapa, se retira del fuego y se deja reposar brevemente. A continuación se pone en una fuente y se añaden 1 o 2 cucharadas de *quark*. Se deja enfriar.

2 A esta papilla se añade el resto del *quark*, los huevos, el azúcar y la canela. En una olla de boca ancha se pone a calentar agua con un poco de sal. Cuando hierva se van formado croquetas con dos cucharas y se meten en el agua hirviendo. Bajar el fuego y dejar que se hagan las croquetas durante unos 10 minutos.

3 Mientras se calienta el agua se lavan los albaricoques, se deshuesan y se cortan en trocitos. Se ponen a calentar en una cazuela con 1/2 l de agua y el azúcar. Se tapa y se deja que se hagan los frutos a fuego medio durante unos 10 minutos, hasta que se ponen blandos.

4 Se hace un puré con los albaricoques (batidora o robot de cocina) y se le añade la miel, la nata y la cáscara de limón. Esta salsa de albaricoques se sirve en platos hondos. Las croquetas se van sacando de la olla y se sirven en los platos sobre la salsa.

Tiempo que hay que invertir: 40 minutos
Calorías por ración: 510

Variación:

Croquetas de *quark*
Escurrir 500 g de *quark, ricotta* o queso fresco para untar. Con la batidora se baten 1 cucharada de mantequilla y 50 g de azúcar. Se añaden el *quark,* 2 huevos medianos, 150 g de sémola de trigo duro, 50 g de harina

y 2 cucharaditas de almidón. Con dos cucharas se van haciendo bolitas de esta masa y se meten en una olla de agua hirviendo con sal. Se baja el fuego y se dejan en la olla unos 10 minutos. Se comen con una salsa de frutas.

Pasta gratinada con ciruelas
Un plato de pasta para golosos

Ingredientes para 4 raciones abundantes:

1/2 l de leche

100 g de azúcar

200 g de espaguetis o tallarines

500 g de ciruelas negras

150 g de *ricotta* fresca y cremosa (se puede sustituir por un queso fresco de Burgos)

3 huevos grandes

60 g de mantequilla + mantequilla para engrasar

50 g de pan rallado

1 cucharadita de canela en polvo

1 En una cazuela se pone a calentar la leche con la mitad del azúcar. Cuando rompe a hervir, se echa la pasta (partida por la mitad,

si es demasiado larga) hasta que se pongan blandos y hayan absorbido la leche casi por completo. Se ponen en un bol con el líquido que quede en la cazuela.

2 Lavar y deshuesar las ciruelas. Partirlas en rodajas. En otro bol se bate la *ricotta* con los huevos y el resto del azúcar.

3 Calentar el horno a 180 grados. Se engrasa una fuente para el horno con la mantequilla. Se mezcla la pasta con las ciruelas y el huevo batido, y se pone todo en la fuente.

4 Se corta la mantequilla en pedazos pequeños que se mezclan con la canela y el pan rallado. Se rocía todo sobre la pasta. Se mete la fuente en el horno (a 160 grados si es un horno con ventilador). Se gratina durante unos 35 minutos, hasta que se ha formado una costra tostada por encima. Se puede comer frío o templado.

Tiempo que hay que invertir: 30 minutos
(+ 35 minutos en el horno)
Para acompañar se toma: por persona,
1 bola de helado (el que mejor pega es el de vainilla)
Calorías por ración: 720

Pica-pica
dulce y salado

Soluciones para pasar
una velada entera
delante de la tele-
visión viendo nuestras
películas favoritas
sin levantarnos del sofá

Ingredientes para 4 o 6 personas:

Para las patatas con canela:

400 g de patatas (que no se deshagan)

1 cucharada de azúcar glasé

1 cucharadita de canela en polvo

1 l de aceite

Para los palitos de chocolate:

250 g de chocolate de taza

1 paquete de bastoncillos salados

Para los anillos de cebolla:

300 g de cebollas

120 g de harina

50 g de raspadura de coco

1 cucharadita de jengibre molido

2 sobres de azúcar de vainilla

1 huevo mediano

1 kg de mantequilla

1 vaso de cerveza

azúcar glasé

1 Lavar, pelar y cortar las patatas en rodajas finas. Mezclar el azúcar y la canela. Calentar el aceite. Cuando esté bien caliente (pero sin echar humo) se van metiendo las patatas y se fríen durante 1 o 2 minutos, hasta que estén doradas. Se secan en un colador y se rebozan directamente con la mezcla de azúcar y canela. Dejar enfriar.

2 Se prepara el chocolate según las instrucciones del envase. Es importante que quede muy espeso. Se sumergen los palitos y se dejan sobre un papel de cocina para que se sequen. Cuando estén secos, se ponen en un tarro.

3 Pelar la cebolla y cortarla en anillos finos. Procurar que los anillos tengan siempre el mismo grosor. Los anillos se meten durante 1 hora en agua fría, se escurren bien y se depositan entre dos paños de cocina para que se sequen.

4 Para la masa se mezclan 100 g de harina, la raspadura de coco, el jengibre y el azúcar de vainilla. Se añade 1 huevo, 1 cucharada de mantequilla y la cerveza. El resto de la mantequilla se pone a calentar.

5 Se mezcla el resto de la harina con 1 cucharada de azúcar glasé. Se van rebozando ahí los anillos de cebolla, luego se pasan por la masa y a continuación se fríen. Hay que tener cuidado para que no se peguen. Para que se doren bastan 1 o 2 minutos. Se sacan con la espumadera y se colocan en un plato con papel de cocina para que escurran. Se espolvorean con azúcar glasé y se sirven con ketchup de mango (véase nuestra sugerencia al pie).

Tiempo que hay que invertir:
Patatas fritas: 20 minutos
Bastoncillos: 20 minutos
Anillos: 40 minutos (+ 1 hora de reposo)
Calorías por ración (6 raciones): 710

Sugerencia:

Los anillos de cebolla se pueden comer solos, pero están especialmente buenos si se acompañan con ketchup de mango. Para hacerlo se le quita el hueso y la piel a un mango maduro. Se corta la pulpa en dados y se hace puré, añadiendo 2 cucharadas de mermelada de naranja y 1 chorro de zumo de limón o lima.

Polenta con compota de tomates cherry
Una sorpresa italiana

Ingredientes para 4 raciones:

Para la compota:

media naranja sin tratar

250 g de azúcar

1 rama de canela

2 pepinillos

500 g de tomates cherry

1 cucharada de zumo de limón

Para la polenta:

1/2 l de leche

4 cucharadas de mantequilla, sal

150 g de polenta (sémola de maíz, que se puede sustituir por sémola de trigo duro)

1 huevo mediano

50 g de pasas

50 g de piñones

1 cucharada de azúcar

1 Se empieza lavando la naranja con agua caliente y raspando la piel (sin llevar nada blanco, que sabe amargo). Se ponen a hervir en una cazuela la cáscara de naranja, el azúcar, la canela y el clavo con 300 ml de agua y se deja que hierva todo 10 minutos a fuego lento.

2 Lavar los tomates, exprimir la naranja y añadir los tomates enteros, con el zumo de naranja y el zumo de limón, al agua con azúcar. Darle un hervor y retirar inmediatamente del fuego. Dejar que se enfríe. La compota sabe mejor si se prepara el día anterior. Retirar la cáscara de naranja, la canela y los clavos.

3 Para preparar la polenta se hierve la leche con 1 cucharada de mantequilla y 1 pizca de sal y se va añadiendo lentamente la sémola. Sin dejar de remover se cuece a fuego lento durante 10 minutos. Al cabo de ese tiempo se añade el huevo. Se deja enfriar.

4 A continuación se derrite 1 cucharada de mantequilla en una sartén antiadherente no muy grande. Cuando esté caliente se pone la polenta en la sartén y se hace una masa de un dedo de grosor. Se fríe a fuego no muy alto durante 2 o 3 minutos hasta que esté bien tostada.

5 La torta de polenta se parte en 4 trozos, se le da la vuelta y se tuesta por el otro lado durante 2 o 3 minutos. Con la espátula se desmenuzan las tortas de polenta. Se añaden el resto de la mantequilla, las pasas, los piñones y el azúcar. Se fríe durante 2 o 3 minutos más, removiendo bien. Se reparte en platos y se sirve acompañado de la compota de tomates cherry.

Tiempo que hay que invertir: 45 minutos
(+ 1 día opcional de reposo para la compota)
Calorías por ración: 695

Sugerencia:
Aunque suene extraño hacer un plato dulce de polenta, no hay nada de raro en ello. En otros países es frecuente encontrar comidas a base de sémola dulce, como si de arroz con leche se tratara. Y con los tomates cherry se pueden hacer deliciosas compotas. También se puede hacer la compota con cerezas auténticas, siguiendo las mismas instrucciones que para los tomates, pero deshuesándolas previamente.

Gratín de queso con calabaza
Un postre provenzal

Ingredientes para 4 raciones:

1 kg de calabaza

4 cucharadas de azúcar moreno, sal

4 cucharadas de mantequilla + mantequilla

para engrasar

1 naranja sin tratar

100 g de queso emmental

1/2 de nuez moscada recién molida

5 huevos grandes

1 La calabaza se corta en tajadas y se le quitan las semillas y la corteza. La pulpa se corta en dados grandes y se pone a calentar en una cazuela con 1 cucharada de azúcar, 1 vaso de agua y 1 pellizco de sal durante 15 minutos.

2 A continuación se pone 1 cucharada de mantequilla y 1 cucharada de azúcar en otra cazuela y se deja que se tueste. La calabaza se hace puré con la batidora, se añade al agua con azúcar y se deja hervir 5 minutos. La naranja se lava con agua caliente. Se le corta la piel. Se ralla el queso. La naranja, el queso y la nuez moscada se añaden al puré de calabaza. Se deja enfriar.

3 Calentar el horno a 225 grados (si es un horno con ventilador, 200 grados). Se añaden los huevos al puré (que estará templado ahora), se engrasa con mantequilla una fuente plana y se pone en ella toda la mezcla. El resto de la mantequilla se derrite y se rocía sobre el contenido del molde. Se mete todo en el horno durante 15 minutos.

4 Para terminar se espolvorea el resto del azúcar sobre el gratín y se vuelve a meter en el horno hasta que se tuesta bien por encima. Ya está listo para comer.

Tiempo que hay que invertir: 1 hora
(+ 30 minutos en el horno)
Calorías por ración: 400

Batatas con cerezas
Un postre americano

Ingredientes para 4 raciones:

1 kg de batatas, sal

150 g de harina, 120 g de almidón de cocina

100 g de sémola de trigo duro

1 o 2 huevos grandes, 12 cerezas (en conserva)

100 g de mantequilla

50 g de almendras picadas

azúcar glasé para espolvorear

1 Lavar las batatas y ponerlas a hervir en agua con sal durante 30 minutos. Se pelan y se deja que se enfríen.

2 A continuación se pone a hervir agua con sal en una olla grande (más de 5 l). Mientras hierve, en un bol se chafan las batatas y se mezclan con la harina, el almidón y la sémola. Se van añadiendo los huevos con cuidado de que la masa no quede ni muy seca, ni muy pegajosa. (Vea en nuestra sugerencia al pie.)

3 La masa de batata se amasa. Se forma un rollo que se corta en 12 pedazos. Cada pedazo se chafa con la mano. En el centro se deposita una cereza y con las manos se hace una bola. Las bolas se meten en el agua caliente y se apaga el fuego. Se deja que se hagan en el agua caliente durante 15 minutos. En ese tiempo se derrite la mantequilla y se mezcla con las almendras.

4 Se sacan las bolas de batata del agua, se escurren y se rocían con la mantequilla y con azúcar glasé.

Tiempo que hay que invertir: 1 hora
(+ 30 minutos de cocción)
Calorías por ración: 860

Sugerencia:
Como prueba se hace una pequeña bola de patatas y dejar que se haga 5 minutos. Si queda dura, se le añade leche templada a la masa. Si queda blanda, se le añade harina.

Índice de terminos, de la

156

A a l a Z

Pie de imprenta

Título original: Vegetarian Basics

Sebastian Dickhaut, escritor y periodista, vive en Múnich y está especializado en temas gastronómicos y culinarios. Escribe con regularidad para diversas revistas gastronómicas alemanas, como por ejemplo DER FEINSCHMECKER. Es uno de los inspiradores de nuestra serie «Principios básicos» y ha escrito los textos originales alemanes de «Cocina vegetariana». sdickhaut@t-online.de

Cornelia Schinharl es autora de libros de cocina, experta en cuestiones gastronómicas y una brillante creadora culinaria. Es la autora de las recetas que se incluyen en este libro y ha sido capaz de fascinar también a numerosos antivegetarianos convencidos con más de cien sabrosísimos platos vegetarianos muy fáciles de hacer. cornelia.schinharl@t-online.de

Doris Birk	Directora del programa
Birgit Rademacker	Jefa de redacción
Sabine Sälzer	Jefa de proyectos y redacción
Despacho de redacción Christina Kempe	lectorado, composición y DTP, diseño
Mischa Gallé	Revisión y corrección final
Nina Basovic	Asesoramiento
Barbara Bonisolli Hans Gerlach Claudia Juranits	fotografías de los platos estilista de los platos colaboradora del Studio Bonisolli
Alexander Walter Monika Keiler Sabine Sälzer & Christa Schmedes	fotografía de las personas auxiliar de fotografía estilistas de comidas, acesorios y modelos
engels zahm + partner, agentur für kommunikation, Thomas Jankovic	diseño y layout, ilustraciones
Susanne Mühldorfer	realización

Direcciones útiles sobre vegetarianismo:

http://www.mundovegetariano.com
http://www.vegetarianismo.net

Recetas vegetarianas:

http://www.vegetomania.com
http://www.euroresidentes.com/Recetas/cocina_vegetariana

Receta de la contraportada:
Hamburguesas vegetales con zanahorias a la mostaza, pág. 70

Redacción de la edición española:	Christiane Manz para Bookwise GmbH
Traducción al español:	María Barbero y Gonzalo García
Maquetación:	Bookwise GmbH (Múnich)
Repro:	Repro Ludwig

© 2006 GRÄFE UND UNZER VERLAG GmbH, Múnich.

ISBN (10)   3-8338-0440-8
ISBN (13)   978-3-8338-0440-3

Edición   4.   3.   2.   1.
            2009   2008   2007   2006

Printed in Slovenia

Índice de fotografías:

Stockfood/Steven Morris: Cebolla de la portada

Barbara Bonisolli: todas las fotos de recetas, excepto pág. 114; fotos de productos en pág. 8, 9, 12, 14, 16, 18 (sólo izq.), 20; recortes en pág. 62, 98 (centro), 99 (izq.), 119 (dcha.), 125 (izq. y dcha.), 133 (centro), 135 (izq.), 140 (centro), 144, 145, 150 (centro), 151 (izq. y dcha.)

Axel Walter: todas las fotos de personas y todas las composiciones artísticas, incluidos los prólogos de los capítulos, la foto de la pág. 114; imágenes de la pág. 3 (izq.), 30, 31, 36, 37, 47 (dcha.), 49 (izq.), 54 (centro), 71 (izq.), 74 (centro), 85, 89 (izq.), 102 (centro), 103 (dcha.), 107 (dcha.), 112, 115, 124 (centro), 130, 131, 133 (arriba y abajo), 134 (centro), 136 (centro), 139 (dcha.), 141 (izq. y dcha.), 147, 155 (centro)

Peter von Felbert: recortes en las págs. 63, 82, 83, 113

Thomas Jankovic (engels zahm + partner, agentur für kommunikation): todas las ilustraciones y foto de productos pág. 22

Modelos:
Por fin unidos en un mismo libro, el equipo original de los «básicos», con Janna Sälzer (de vuelta de Nueva Zelanda), Gabie Schnitzlein (de vuelta del permiso de maternidad) y Markus Röleke (dispuesto a lo que le echen). Además, Annika Möller, que siempre es un placer para la vista. Y nuestro invitado especial: Philip Werstein Vargas, de Lisboa.

GRÄFE UND UNZER

A GANSKE PUBLISHING GROUP COMPANY